Sebastian Hattermann

Crowdsourcing für Unternehmen

Wie das Web 2.0 neue Wege im Outsourcing erschließt

Bibliografische Information der Deutschen Nationalbibliothek:

Die Deutsche Nationalbibliothek verzeichnet diese Publikation in der Deutschen Nationalbibliografie; detaillierte bibliografische Daten sind im Internet über http://dnb.d-nb.de abrufbar.

Impressum:

Copyright © Studylab 2018

Ein Imprint der Open Publishing GmbH

Druck und Bindung: Books on Demand GmbH, Norderstedt, Germany

Coverbild: Open Publishing | Freepik.com | Flaticon.com | ei8htz

Inhaltsverzeichnis

Abkürzungsverzeichnis

F&E	Forschung und Entwicklung
GfK	Gesellschaft für Konsum-, Markt- und Absatzforschung
HIT	Human Intelligence Task
i.d.R.	in der Regel
KMU	Kleine und mittelständische Unternehmen
OSI	Open Source Initiative
PoS	Point of Sale
ZfCM	Zeitschrift für Controlling und Manage¬ment

Abbildungsverzeichnis

Tabellenverzeichnis

1 Einleitung

1.1 Problemstellung

Die Globalisierung und die damit verbundene Internationalisierung des Wettbewerbs führen zu einer verstärkten Konkurrenzsituation für Wirtschaftsunternehmen. Insbesondere neue Wettbewerber aus dem Ausland – die standortbedingt bessere Rahmenbedingungen zur Wertschöpfung vorfinden – und technologische Weiterentwicklungen können schnell als Ursache dafür auftreten, dass einst erfolgreiche Unternehmen vom Markt verdrängt werden.[1] Zur Erhaltung der Wettbewerbsfähigkeit sind diese Unternehmen dazu gezwungen, Strategien und Prozesse fortlaufend unter ökonomischen Gesichtspunkten zu evaluieren und zu optimieren.[2]

Durch die geringeren Eintrittsbarrieren, die diese Entwicklung mit sich bringt, können sich neue Unternehmen deutlich einfacher auf den weltweiten Märkten etablieren. Dass diese „nur wenige Fixkosten ... und .. keine innovationshemmende Bürokratie mit sich"[3] führen, verhilft häufig zu entscheidenden Vorteilen gegenüber den älteren und größeren Unternehmen. Schwindende Marktanteile wirken sich auf die Einnahmen aus und führen letztlich zu finanziellen Problemen, welche wiederum empfänglich für neue Ideen und Konzepte machen.[4] Als potentielle Maßnahme, um derlei Negativtrends entgegenzuwirken, gilt das Outsourcing. Also die Auslagerung von Unternehmenstätigkeiten, in dessen Fokus hauptsächlich das Senken von Kosten steht.[5] Darüber hinaus soll durch diesen Fremdbezug, in der Regel sind Dienstleistungsaufgaben betroffen, auch „die Konzentration auf die Kernkompetenzen[,] ... mehr Service-Qualität, Zugriff auf mehr und bessere Ressourcen sowie der Zugang zu innovativen Technologien, Prozessen und Methoden"[6] erreicht werden.

Erst in Kombination, mit Betrachtung der quantitativen und qualitativen Faktoren, können in der Praxis mit Outsourcing „Effizienzgewinne und eine höhere Ef-

---

[1]   Vgl. Bravard, J.-L., Morgan, R., Outsourcing, 2009, S. 34.

[2]   Vgl. Koppelmann, U., Outsourcing, 1996, S. 3.

[3]   Bravard, J.-L., Morgan, R., Outsourcing, 2009, S. 34.

[4]   Vgl. Koppelmann, U., Outsourcing, 1996, S. 3.

[5]   Vgl. ebd., S. 4.

[6]   Feidicker, M., Stamm, H., Adaptive Enterprise, 2005, S. 198.

fektivität"[7] erzielt werden und Unternehmen sich auf den hart umkämpften Märkten behaupten. Die Methoden des Outsourcings, die sich mit dem Aufkommen des Internets, der Digitalisierung und all ihren Facetten ebenso weiterentwickelt haben, können unterschiedlich ausgeprägt sein.[8] Zwar lassen sich bspw. Produktentwicklungen auch nach wie vor mit existierenden Mitteln vorantreiben, das größere Innovationspotential lässt sich jedoch unter Zunahme externen Wissens abschöpfen.[9] Die Möglichkeiten dazu sind durch die Verbreitung des Internets rasant gestiegen. Insbesondere durch dessen Weiterentwicklung zum Web 2.0 hat die Kommunikationsfähigkeit der Unternehmen einen großen Schritt gemacht. Durch die neuen Interaktionsmöglichkeiten können diese heute nicht allein Informationen senden, sondern sich vor allem mit einer Vielzahl an Stakeholdern zur gleichen Zeit austauschen.[10]

Für die Unternehmen stellt sich folglich die Frage, wie das Web 2.0 als Plattform für Outsourcing-Strategien genutzt und unter Einbeziehung der Masse an Internetnutzern, also dem Crowdsourcing, letztlich der größtmögliche Nutzen generiert werden kann.

1.2 Zielsetzung

Das Ziel dieser Arbeit ist es, die sich im Web 2.0 aufbietenden Möglichkeiten zur Auslagerung von Unternehmensaufgaben darzustellen und die einzelnen Optionen im Detail zu beleuchten. Die Entwicklung des Internets – bis hin zum interaktiven Massenmedium – gilt dabei als Ursache für den entstandenen Wettbewerbsdruck, wie auch als möglicher Lösungsansatz. Der Schwerpunkt dieser wissenschaftlichen Auseinandersetzung liegt also bewusst beim Crowdsourcing, dessen Methoden als innovative Outsourcing-Strategien fungieren können.[11] Wie auch Leimeister (Arbeitsorganisation, 2013) schon feststellte, müssen bei diesem Untersuchungsgegenstand, aufgrund „mangelnder Forschung ... im Rahmen von Crowdsourcing", die bereits „existierende[n] Erkenntnisse zum Themenbereich" identifiziert und analysiert werden.[12] So sollen die Methoden des Crowdsourcings

---

[7] Thorenz, L., Zacher, M., Cloud Computing, 2013, S. 25.

[8] Vgl. ebd.

[9] Vgl. Aßmann, S., Röbbeln, S., Social Media, 2013, S. 257.

[10] Vgl. Borchardt, H.-J., Dezentrales Marketing, 2012, S. 118.

[11] Vgl. Leimeister, J. M., Zogaj, J., Arbeitsorganisation, 2013, S. 87.

[12] Leimeister, J. M., Zogaj, J., Arbeitsorganisation, 2013, S. 87.

in dieser Arbeit von allen Seiten betrachtet werden, um sowohl positive als auch negative Aspekte aufzugreifen und diese bei Bedarf kritisch zu hinterfragen. Im Zusammenhang mit der Methodenauswahl ist es ebenso das Ziel, die Kriterien für die unterschiedlichen Variationen herauszustellen, wofür wiederum die Motive und Motivatoren der Crowdsourcees eine entscheidende Rolle spielen. Abschließend gilt es zu resümieren, unter welchen Bedingungen das Potenzial des Crowdsourcings im Web 2.0 abgeschöpft werden kann und welche Entwicklungen zukünftig in Aussicht zu stellen sind.

1.3 Struktur der Arbeit

Die vorliegende Studie ist in vier Teilbereiche gegliedert. Einleitend wird im ersten Abschnitt die Problematik erläutert, für deren Lösung im darauffolgenden Punkt die Ziele definiert werden. Im zweiten Abschnitt, dem Grundlagenbereich, soll der Einstieg in das Thema der Arbeit vereinfacht werden. Nach der Definition der Kernbegriffe, um ein grundsätzliches Verständnis für den weiteren Verlauf der Arbeit zu gewährleisten, werden weniger relevante, aber verwandte Konzepte vorgestellt. Eine trennscharfe Abgrenzung ist hier notwendig, um zwischen den Grundmechanismen einzelner Methoden differenzieren zu können.

Im Hauptteil der Arbeit werden die Entwicklung des Crowdsourcings aufgezeigt, der Crowdsourcing-Prozess in seiner Gesamtheit dargestellt und die verschiedenen Ausprägungsformen identifiziert und näher untersucht. In einer kritischen Auseinandersetzung werden anschließend Chancen, so wie Risiken und Kritiken erörtert, bevor sich ein Unterpunkt den Besonderheiten der bezahlten Crowdsourcing-Modelle annimmt. Um die Entscheidungsmuster der Unternehmen bei der Auswahl der jeweiligen Methode nachvollziehen zu können, werden zum Ende des dritten Abschnitts die Kriterien dargelegt, die dabei als Beurteilungsgrundlagen dienen.

Im Schlussteil dieser wissenschaftlichen Arbeit werden die Ergebnisse schließlich zusammengefasst, verdichtet und in Kontext zueinander gebracht. Abschließend folgt auf das Fazit ein kurzer Ausblick auf die möglichen Entwicklungsaussichten, die sich auf diesem Forschungsgebiet noch hervortun und für künftige Studien von Relevanz sein könnten.

2 Grundlagen

2.1 Definition des Web 2.0

Mit dem „Web" ist in der Regel synonym das Internet gemeint. Der Zusatz „2.0" kennzeichnet hier die Entwicklungsstufe des Internets.[13] Für ein tieferes Verständnis ist ein kurzer Rückblick auf die Geschichte des Internets notwendig. Wie der Tabelle 1 zu entnehmen ist, hatte das Web in seiner Anfangszeit noch einen stark technischen Charakter und war in seiner Erscheinungsform weit weg von dem System, wie es heute bekannt ist. Erst mit der Generation 1.0 war das Word Wide Web nicht mehr nur den Fachleuten in den Unternehmen vorenthalten, sondern fand auch zunehmend in den Privathaushalten Verwendung. Während in dieser Phase noch die Präsenz der B2C-Unternehmen und damit verbunden die reine Informationsbeschaffung der Nutzer im Vordergrund stand, wurde der fließende Übergang zum Web 2.0 durch ein grundlegend verändertes Nutzungsverhalten der User eingeleitet.

Web	0.5	1.0	2.0
Titel	Das technische Web	Das werbliche Web	Das soziale Web
Anwender	Experten	Handel und Kunden	Menschen
Fokus	Know-how und Organisation	Klick-Raten und Produkte	Meinungsbildung und Community
Beziehungen	B2B	B2C	C2C
Effekt	Rationalisierung	Infotainment	Sozialisation
Methode	Rationalisierung	Quantifizierung	Qualifizierung

Tabelle 1: Generationen des World Wide Web
Quelle: Eigene Darstellung in Anlehnung an Arlt, J., Web 2.0, 2006, S. 25.

Der Meinungsaustausch und die Vernetzung innerhalb der Community, wie auch erst die Entstehung einer solchen, wurde dabei durch neue Kommunikationsmöglichkeiten, „allen voran [durch] einfache Werkzeuge zur Interaktion und Publikation"[14], gefördert. Technologische Aspekte spielen bei der Klassifikation des Web 2.0 dennoch nur eine untergeordnete Rolle, wenn auch die darauf basierenden,

---

[13] Vgl. Duschinski, H., Web 2.0, 2007, S. 9.
[14] Duschinski, H., Web 2.0, 2007, S. 10.

neuen Wege der Kommunikation erst die Sozialisation, von der diese Entwicklungsstufe geprägt ist, im Internet ermöglicht haben.[15] Das Web 2.0 wird also letztlich erst durch das Ausschöpfen von Interaktivitätspotentialen, wie der Mitgestaltung von Inhalten oder dem Zugriff auf Schwarmintelligenz, durch die Nutzer selbst definiert.[16]

2.2 Definition des Outsourcings

Als Outsourcing wird „die vertragliche Nutzung und gewinnbringende Ausschöpfung von Ressourcen, Vermögenswerten und Kompetenzen Dritter"[17] bezeichnet. Ziel einer solchen Auslagerung ist es, Kosten einzusparen oder auf die in den jeweiligen Bereichen größeren Kompetenzen eines externen Dienstleisters zurückzugreifen.[18] Deren Geschäftsmodell beruht auf der Erzielung von Kostendegressionseffekten, die durch die Konzentration auf spezielle unternehmerische Tätigkeiten entstehen. Ein weiterer Vorteil der Spezialisierung sind die größeren Lerneffekte und damit zusammenhängend die größere Leistungsfähigkeit.[19]

Parallelen gibt es zum Make-or Buy-Prinzip, bei dem die Frage nach Eigenleistung oder Fremdbezug eines Produkts oder einer Dienstleistung beantwortet werden muss.[20] In der Fachliteratur ist man sich allerdings „einig, dass ... es nicht sinnvoll ist, jede »Buy«-Entscheidung als Outsourcing zu bezeichnen."[21] Eine Abgrenzung findet in der Hinsicht statt, dass Make-or-Buy-Entscheidungen auch für Produkte oder Dienstleistungen gefällt werden können, die noch nicht unternehmensintern ausgeführt werden, während für das Outsourcing nur solche in Frage kommen.[22]

Werden Outsourcingmaßnahmen von allen Hierarchieebenen innerhalb eines Unternehmens unterstützt und mit einer zielgerichteten, transparenten Ausrichtung

---

[15] Vgl. Holzapfel, F.; Holzapfel, K., Facebook, 2012, S.14.

[16] Vgl. Kreutzer, R. T., Online-Marketing, 2012, S. 31.

[17] Bravard, J.-L., Morgan, R., Outsourcing, 2009, S. 25.

[18] Vgl. Koppelmann, U., Outsourcing, 1996, S. 5.

[19] Vgl. ebd., S. 4 f.

[20] Vgl. Baumann, E., Make-or-Buy, 2010, S. 2.

[21] Schott, E., Striebeck, J., Outsourcing, 2013, S. 306.

[22] Vgl. Baumann, E., Make-or-Buy, 2010, S. 4.

umgesetzt, können Effizienz, Leistungs- und Wettbewerbsfähigkeit sowie der Shareholder Value deutlich gesteigert werden.[23]

2.3 Definition des Crowdsourcings

Crowdsourcing ist ein Kofferwort, dass sich „aus den [englischen] Wörtern „Crowd" (zu dt. Menschenmenge) und „Outsourcing" (zu dt. Auslagern) zusammensetzt."[24] Der Begriff wurde von Jeff Howe, einem amerikanischen Journalisten, geprägt, der 2006 im Wired Magazine erstmals von Crowdsourcing sprach.[25] Im Gegensatz zum klassischen Outsourcing wird bei dieser Form der Auslagerung nicht ein explizit ausgewählter externer Dienstleister beauftragt, sondern auf die Schwarmintelligenz einer Vielzahl von Freiwilligen gesetzt. Zumeist über die Kommunikationswege des Internets wird eine bestimmte oder unbestimmte Masse dazu aufgerufen, eine konkret ausformulierte Aufgabe zu erledigen.[26] Diese Aufgaben können ein breites Spektrum umfassen. Grafikarbeiten, Textproduktionen für Lexika oder Produktbewerbungen, kleinere technische Tasks oder auch die Konzeption einer neuen Produktidee stehen dabei nur beispielhaft für die Bandbreite an Problemstellungen.[27] Üblicherweise findet Crowdsourcing an den Stellen Verwendung, an denen Computer an ihre Grenzen stoßen und menschliche Intelligenz erforderlich ist. Übersetzungen können z.B. in einem gewissen Rahmen maschinell vorgenommen werden, jedoch nicht zuverlässig ohne Fehler. Diese müssen dann mithilfe menschlicher Arbeitsleistung ausgebessert werden. So lassen sich durch die Zerlegung größerer Aufgabenpakete in kleinere Teile auch vielschichtigere Arbeitsprozesse im Internet mittels Crowdsourcing erledigen, indem auf eine Masse an Nutzern als Quelle für die Lösungen zurückgegriffen wird.[28]

Der Prozess kann, verbunden mit größerem Aufwand, in Eigenregie initiiert werden oder aber in Zusammenarbeit mit einer Agentur erfolgen, die sich auf die Vermittlung zwischen dem Crowdsourcer, also dem Unternehmen, und der Crowd spezialisiert hat. Diese zwischengeschalteten Crowdsourcing-Plattformen werden

---

[23] Vgl. Bravard, J.-L., Morgan, R., Outsourcing, 2009, S. 13.

[24] Gassmann, O. et al., Geschäftsmodelle, 2013, S. 102.

[25] Vgl. Howe, J., Crowdsourcing, 2006, S. 2.

[26] Vgl. Leimeister, J. M. et al., Crowdwork, 2015, S. 15.

[27] Vgl. Gassmann, O. et al., Geschäftsmodelle, 2013, S.102; Däubler, W., Internet, 2015a, S. 59.

[28] Vgl. Däubler, W., Internet, 2015a, S. 59.

auch als Intermediäre bezeichnet.[29] Die in der Crowd versammelten User werden „Crowdworker" oder „Crowdsourcees" genannt.[30] Der Crowdsourcer kommuniziert die bislang intern erledigten Aufgaben nach außen und gibt dabei einen abgesteckten Handlungsrahmen vor, in dem sich die Crowdworker bei der Leistungserbringung bewegen dürfen. Ziele, zeitliche Begrenzungen und anderweitige Vorgaben werden also im Voraus definiert. Die Schwarmintelligenz der Crowd wird somit in den Wertschöpfungsprozess eingebunden und kann dem auftraggebenden Unternehmen letztlich einen Wettbewerbsvorteil einbringen.[31] Der Austausch und die gesamte Prozessabwicklung finden dabei online statt. So können durch die Globalisierungseffekte des Internets die Crowdsourcer von den Intermediären mit Crowdworkern aus allen Teilen der Welt, welche jeweils unterschiedlichste Vorteile und Stärken mit sich bringen, vernetzt werden. [32]

In der Praxis wird Crowdsourcing in drei verschiedene Kategorien unterteilt: Crowdcreation, Crowdvoting und Crowdfunding. Die einzelnen Ausprägungsformen unterscheiden sich teilweise maßgeblich in ihren Inhalten und Zwecken, mitunter aber noch viel mehr in den Aufwänden für die Crowdworker. [33] Im weiteren Verlauf dieser Arbeit werden die Merkmale, wie auch die Unterschiede der einzelnen Typologien noch deutlicher herausgestellt.

Darüber hinaus lässt sich die Methode des Crowdsourcings in eine interne und in eine externe Variante aufschlüsseln. Während sich die Crowd beim externen Crowdsourcing aus allen sich im Internet bewegenden Individuen zusammensetzen kann, die keine Berührungspunkte mit dem jeweiligen Unternehmen haben, fungieren beim unternehmensinternen Crowdsouring die festangestellten Mitarbeiter als Crowdworkermasse.[34]

---

[29] Vgl. Gassmann, O. et al., Crowdsourcing, 2010, S. 14.

[30] Vgl. Däubler, W., Internet, 2015a, S. 316.

[31] Vgl. Papsdorf, C., Crowdsourcing, 2009, S. 106; Papsdorf, C., Crowdsourcing, 2009, S. 116.

[32] Vgl. Leimeister, J. M. et al., Crowdwork, 2015, S. 13.

[33] Vgl. Leimeister, J. M., Crowdsourcing, 2012, S. 389 f.

[34] Vgl. Leimeister, J. M., Zogaj, J., Arbeitsorganisation, 2013, S. 20.

2.4 Begriffsabgrenzungen

Nach der Definition des Crowdsourcings folgt nun eine kurze Erläuterung und Abgrenzung ähnlicher, auf den Säulen der Schwarmintelligenz basierenden, Modelle, die auch „als postfordistische Rationalisierungsstrategien mit den Zielen der Kostenersparnis und der Erlangung von Wettbewerbsvorteilen"[35] bezeichnet werden können.

2.4.1 Open Innovation

Open Innovation stellt ein Konzept dar, bei dem durch die Hinzunahme von externem Know-how der Innovationscharakter eines Unternehmens gefördert und damit die Wettbewerbsposition letztlich gestärkt werden soll. [36] Das Unternehmen öffnet sich dafür „mit einem zielgerichteten und systematisch geplanten Prozess zur Beschleunigung und Optimierung der Innovationskraft und -geschwindigkeit" [37] für Außenstehende und bezieht diese in die Innovationsprozesse mit ein. Dass dabei Interna preisgegeben werden, ist nicht zwingend erforderlich, kann aber die Erfolgschancen auf möglichst wertvollen Input in möglichst kleinem Zeitfenster erhöhen sowie das Risiko des Scheiterns minimieren.[38]

So lässt sich Open Innovation als effiziente Möglichkeit bezeichnen, um externes Wissen wirkunsgvoll in die innerbetrieblichen Wertschöpfungsprozesse einfließen zu lassen.[39] Die Abgrenzung zum Crowdsourcing findet darin statt, dass der Fokus hier auf dem Wissenszuwachs liegt und keine operativen Arbeitstätigkeiten stattfinden.[40]

2.4.2 Open Source

Eine noch deutlich weiter geöffnete Form des kollaborativen Zusammenarbeitens wird als Open Source bezeichnet. Der Gedanke dieser Bewegung basiert ursprünglich auf den Debian-Richtlinien für Freie Software, die von der Open Source Initiative (OSI) herangezogen wurden, um zehn Kriterien als Grundlage für die

---

[35] Papsdorf, C., Crowdsourcing, 2009, S. 105.

[36] Vgl. Chesbrough, H. W., Open Innovation, 2006, S. 1.

[37] Schildhauer, T., Voss, H., Crowdsourcing, 2013, S. 504.

[38] Vgl. Ertl, M., Open Innovation, 2010, S. 80.

[39] Vgl. Borchardt, H.-J., Dezentrales Marketing, 2012, S. 101.

[40] Vgl. ebd., S. 118.

Lizenzierung von Open-Source-Projekten zu definieren.[41] Diese beziehen sich in der Regel auf offene Softwarelösungen, die von den Nutzern selbst – unentgeltlich und aus eigenem Antrieb – entwickelt werden und der Allgemeinheit zur freien Nutzung zur Verfügung stehen.[42] Die Rechte an den entwickelten Produkten liegen infolgedessen bei der Gesamtheit der Community, so dass die Unternehmen meist nur indirekt mit den Open-Source-Lösungen, über daran anschließende Geschäftsmodelle, Umsätze erwirtschaften.[43]

2.4.3 Mass Customization

Der Begriff „Mass Customization" ist ein Oxymoron, dass sich aus „Mass Production" (zu dt. Massenfertigung) und „Customization" (zu dt. Kundenanpassung) zusammensetzt und ein Konzept beschreibt, das die Vorteile beider sich widersprechenden Prinzipen miteinander verknüpfen soll.[44] So strebt diese Strategie an, Produkte zu fertigen, die die individuellen Bedürfnisse der Konsumenten befriedigen und zugleich zu massentauglichen Preisen angeboten werden können.[45] Als Best Practice gilt die mymuesli GmbH, ein Passauer Start-up-Unternehmen, das individuell zusammengestellte Müslikreationen vertreibt und seit 2015 auch personalisierte Verpackungen anbietet. Eine benutzerfreundliche Software sowie eine fehlerfrei funktionierende Technik, hier die Konfiguratoren mit Anschluss an Müsliproduktion und Druckmaschine, sind dabei von zentraler Bedeutung für den Erfolg der Mass Customization.[46]

Anders als beim Crowdsourcing gibt es bei der Mass Customization weder eine öffentliche Ausschreibung, noch ergibt sich aus der reinen Konsumententätigkeit selbst ein Nutzen für das Unternehmen.[47] „[A]uch hier [werden demnach] Kunden in den Wertschöpfungsprozess einbezogen" [48], eine Leistung für das Unternehmen wird allerdings nicht erbracht.

---

[41] Vgl. Open Source Initiative, Definition, 2007. o.S.; Debian, Gesellschaftsvertrag, 2004, o.S.

[42] Vgl. Kleemann, F. et al., Consumer Work, 2008, S. 19.

[43] Vgl. Gassmann, O. et al., Geschäftsmodelle, 2013, S. 184.

[44] Vgl. Zipkin, P., Mass Customization, 2001, S. 81.

[45] Vgl. Piller, F., Mass Customization, 2001, S. 4.

[46] Vgl. Zipper, B., mymuesli, 2015, o.S.

[47] Vgl. Papsdorf, C., Crowdsourcing, 2009, S. 74.

[48] Hammon, L. V., Crowdsourcing, 2013, S. 29.

3 Methoden des Outsourcings im Web 2.0

3.1 Crowdsourcing

3.1.1 Entwicklung des Crowdsourcings

Crowdsourcing hat zurückblickend eine lange Geschichte, wenn auch der Begriff erst 2006 geprägt wurde. Als erster fundierter Ansatz eines Crowdsourcing-Modells gilt der sogenannte Longitudinal Act von 1714, bei dem es sich „um eine öffentliche Ausschreibung der britischen Regierung in Höhe von 20000 Pfund [handelte], welche der Erfindung einer praktikablen Methode für die Bestimmung des Längengrads gewidmet war."[49] Eine Lösung für das Problem fand sich erst 59 Jahre später mit der Erfindung der Präzisionsuhr durch John Harrison.[50]

So gab es in den vergangenen Jahrzehnten und Jahrhunderten eine Reihe von Projekten, die nicht so bezeichnet wurden, aber dennoch die Prinzipien des Crowdsourcings aufwiesen. Im Vergleich zum heute bekannten Crowdsourcing stellt die Reichweite einen unübersehbaren Unterschied dar. Während die Aufrufe an die Allgemeinheit früher über Zeitungen oder durch Mundpropaganda an eine regional begrenzte Masse kommuniziert wurden, sind mit dem Aufkommen des Internets die Voraussetzungen für eine umfassendere Verbreitung dieser erfüllt worden.[51] Erst mit dem Durchbruch und der daraus resultierenden weltweiten und flächendeckenden Verfügbarkeit des Internets, konnten die Potentiale der neuen Kommunikationsmöglichkeiten ausgeschöpft werden und Crowdsourcing zum Massenphänomen avancieren. [52] Insbesondere mit der Weiterentwicklung zum Web 2.0 und durch die Verknüpfung verschiedenster Kanäle zur Kommunikation mit oder innerhalb der Crowd wurden die Grundlagen für das kollaborative Arbeiten im Internet geschaffen.[53] Sogleich entstanden auch neue Geschäftsfelder, wie die der Intermediäre. Die meist webbasiert arbeitenden Vermittler stehen als Schnittstellen zwischen dem crowdsourcendem Unternehmen und den Crowdworkern. Zu jenen muss eine zuverlässige Verbindung aufgebaut werden, um

---

[49] Gassmann, O. et al., Geschäftsmodelle, 2013, S. 102.

[50] Vgl. ebd., S. 103.

[51] Vgl. ebd.; Borchardt, H.-J., Dezentrales Marketing, 2012, S. 119.

[52] Vgl. Gassmann, O. et al., Crowdsourcing, 2010, S. 12 f.

[53] Vgl. Leimeister, J. M., Zogaj, J., Arbeitsorganisation, 2013, S. 46.

den Bedürfnissen der Crowdsourcer – schneller Zugang zu einer arbeitswilligen oder gar arbeitsfreudigen Masse – gerecht werden zu können.[54]

Obwohl das Crowdsourcing-Angebot bereits sehr umfangreich ist und sich in alle Richtungen immer mehr Varianten dessen auftun[55], ist die Entwicklung des Crowdsourcings noch nicht abgeschlossen. Leopold (Innovationsmanagement, 2015) zufolge wird sich Crowdsourcing „kontinuierlich weiterentwickeln und ein fester Bestandteil des Wirtschafts- und Arbeitslebens werden."[56] Dafür sprechen u.a. die Bestrebungen der Unternehmen, die „Digitalisierung von Arbeitsinhalten und Arbeitsergebnissen"[57] in der Arbeitsorganisation weiter voranzutreiben.

3.1.2 Darstellung des Crowdsourcing-Prozesses

Im Nachfolgenden wird der Prozess des Crowdsourcings in seiner Gänze dargestellt. Zur besseren Veranschaulichung wird der in fünf Teilabschnitte gegliederte Prozess in seinen einzelnen Phasen vorgestellt, wobei die Fachliteratur sich in der Differenzierung der Phasen nicht immer einig ist. Einige Wissenschaftler fassen die Vorbereitungsphase und die Initiierungsphase zusammen. So können auch hier die Grenzen der ersten beiden Phasen an mancher Stelle fließend und interpretierbar sein.

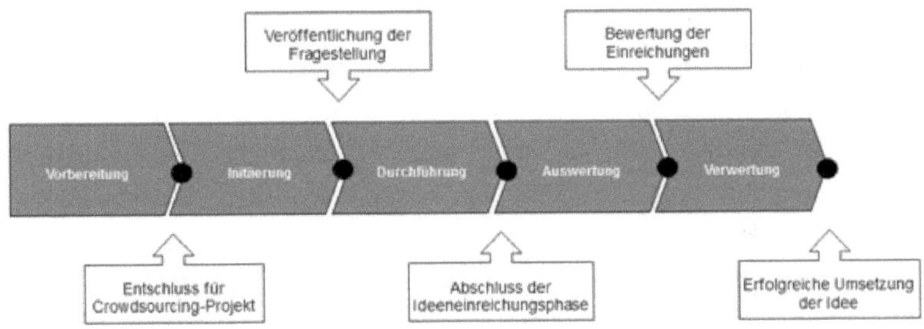

Abb. 1: Phasen des Crowdsourcing-Prozesses
Quelle: Eigene Darstellung in Anlehnung an Gassmann, O. et al, Crowdsourcing-Prozess, 2010, S. 35.

---

[54] Vgl. Chanal, V., Caron-Fasan, M.-L., Business Models, 2010, S. 319.
[55] Vgl. Gassmann, O. et al., Crowdsourcing, 2010, S. 14.
[56] Leopold, J., Innovationsmanagement, 2015, S. 91.
[57] Rio Antas, J.-C., Crowdsourcing, 2015, S. 324.

3.1.2.1 Vorbereitung

Zu Beginn eines Crowdsourcing-Projekts steht in der Regel eine Frage- oder Problemstellung, die es im Laufe des Prozesses zu lösen gilt. Zunächst muss also entschieden werden, ob dies überhaupt mithilfe der Crowd realisierbar ist und auf welche Art und Weise das Crowdsourcing umgesetzt werden soll: Mit dem Aufbau einer eigenen Plattform oder in Kooperation mit einem Intermediär?[58] Für diesen sprächen sein bestehendes Netzwerk, die damit zu erzielende Reichweite und sein Erfahrungsschatz. Die unabhängige Variante hingegen sollte der Crowdsourcer nur wählen, wenn das Unternehmen bereits eine herausragende Öffentlichkeitsarbeit leistet und auf eine starke Marke mit großer Fanbase zurückgreifen kann. Erst das hohe Involvement dieser nämlich führt zu einer hinreichenden Resonanz.[59]

Wenn die Grundvoraussetzungen gegeben oder geschaffen sind, sollte dem Projekt mittels einer Zielformulierung der Weg vorgegeben werden. Eine transparente Darstellung der Lösungsanforderungen und Ziele vermittelt den potentiellen Arbeitskräften einen fairen Umgang und transportiert somit auch die notwendige Wertschätzung der Innovatoren, die dadurch umfänglich in die Planungen eingebunden werden.[60]

Auch ein Bewusstsein dafür, welche Zielgruppe dem Projekt voraussichtlich weiterhelfen könnte, sollte zu diesem Zeitpunkt bereits existieren.[61] Eine intensive Auseinandersetzung mit den Crowdworkern und die Auswahl erfolgen allerdings erst in der zweiten Phase, da zuvor noch die Aufgaben zu bestimmen sind. Die Aufgabenformulierung „hängt ... von unterschiedlichen, unternehmensspezifischen Faktoren ab, wie beispielsweise von strategischen Unternehmenszielen (z.B. Mangel an Know-how, Konzentration auf Kernkompetenzen, Performancesteigerung) oder von geplanten Kosteneinsparungen (z.B. Umwandlung von Fixkosten in variable Kosten, geringere Kapitalbindung, optimale Skalierbarkeit)."[62] Des Weiteren wird in der Vorbereitungsphase auch die Arbeitsform festgelegt und

---

[58] Vgl. Gassmann, O. et al., Crowdsourcing-Prozess, 2010, S. 36.

[59] Vgl. ebd., S. 37 ff.

[60] Vgl. ebd., S. 53.

[61] Vgl. Gassmann, O. et al., Crowdsourcing, 2010, S. 23.

[62] Leimeister, J. M., Zogaj, J., Arbeitsorganisation, 2013, S. 37.

beschrieben, auf welche Art und Weise die Arbeitskräfte die Aufgaben für ein konformes Ergebnis zu erledigen haben.[63]

3.1.2.2 Initiierung

Die Initiierungsphase beginnt, wenn die Durchführung eines Crowdsourcing-Projekts beschlossen ist und die Rahmenbedingungen fixiert sind. Dazu zählt insbesondere die Entscheidung darüber, ob eine eigene Crowdsourcing-Plattform entwickelt oder mit einem Intermediär zusammengearbeitet wird.[64] In dieser zweiten Phase steht dann primär die Auswahl der Crowdworker zur Debatte. Soll die gesamte Reichweite ausgeschöpft werden oder ein bestimmter Teil der Crowdworker angesprochen werden?[65] In den meisten Projekten erfolgt keine Vorfilterung der Masse, um eine größtmögliche Vielfalt an Rückmeldungen und Ergebnissen zu erhalten. Zudem sollen so nicht im Voraus schon potentielle Ideengeber und womöglich tatkräftige Arbeitskräfte ausgeschlossen werden, die sich auch im Nachhinein problemlos ausschließen lassen, wenn diese den Qualitätsanforderungen oder Vorschriften nicht gerecht werden.[66]

Bei der Auswahl der Crowdworker wird zwischen einer kontextspezifischen und einer qualifikationsbasierten Selektion unterschieden. Bei der kontextspezifischen Selektion wird die Zielgruppe anhand von persönlichen Merkmalen definiert. Das können demografische oder psychografische Eigenschaften sein, wie auch Verhaltensmuster im Kaufprozess. So wäre z.B. denkbar, dass ein Unternehmen nur Lösungen von Crowdworkern haben möchte, die einer bestimmten Herkunft sind, eine bestimmte Meinung haben oder bereits Berührungspunkte als Kunde mit dem Unternehmen hatten.[67] Bei der qualifikationsbasierten Selektion steht das Leistungsvermögen der Crowdworker im Fokus. Das kann bedeuten, dass „beispielsweise nur Crowdsourcees eingeladen werden, die bereits an einer Mindestzahl an Crowdsourcing Projekten teilgenommen oder ... einen Crowdsourcing Wettbewerb gewonnen haben."[68]

---

[63] Vgl. ebd., S. 38.

[64] Vgl. Gassmann, O. et al., Crowdsourcing-Prozess, 2010, S. 40.

[65] Vgl. Leimeister, J. M., Crowdwork, 2015, S. 22.

[66] Vgl. Geiger, D. et al., Crowdmanagement, 2011, S. 6.

[67] Vgl. Leimeister, J. M., Crowdwork, 2015, S. 23.

[68] Leimeister, J. M., Zogaj, J., Arbeitsorganisation, 2013, S. 38.

Nachdem die Auswahl der Aufgaben bereits in der ersten Phase erfolgt ist, gilt es in der Initiierungsphase diese zu konkretisieren. Dazu werden die einzelnen Arbeitspakete in kleinere Teilaufgaben zerlegt, detailliert beschrieben und mit Anforderungen an die Lösung belegt.[69] Die zielgerichtete Ausformulierung der Aufgabenstellungen ist dabei maßgeblich für den Erfolg des Crowdsourcing-Projekts. Entscheidend ist, dass die Ausschreibung bzw. der Aufruf möglichst knapp formuliert, aber klar und deutlich kommuniziert wird.[70] Ein „generischer Ansatz", der ebenso generische Antworten nach sich zieht, wie auch „Lösungsansätze hinter der Frage" sind zwingend zu vermeiden.[71]

Darüber hinaus sind in dieser Phase „Fragen zu Vertraulichkeit und geistigem Eigentum"[72] zu klären und zu erläutern. Wenn auch Crowdsourcing grundsätzlich eine äußerst offene Vorgehensweise beschreibt, muss trotz dessen eine vorbeugende Abwägung von Chancen und Risiken stattfinden, damit das gewählte Maß an Transparenz mehr Nutzen als Nachteile hat. Eine Regelung für die spätere Verwertung der Ergebnisse sollte in diesem Schritt ebenso getroffen werden, um Missverständnissen und Rechtsstreitigkeiten keine Grundlage zu geben.[73]

Speziell dann, wenn die Kommunikation nicht über einen vermittelnden Intermediär mit vorhandenem Netzwerk läuft, ist zuletzt noch auszumachen, auf welchem Wege das richtige Publikum angesprochen wird und mit welchen Maßnahmen das Projekt einer breiten Öffentlichkeit zugänglich gemacht werden kann.[74]

3.1.2.3 Durchführung

In der Durchführungsphase werden die Planungen der ersten beiden Phasen umgesetzt. Die User, die sich letztlich für die Erledigung der offerierten Aufgaben bereiterklären, erarbeiten „kollektiv (d.h. in Form von Online-Communitys) oder individuell Lösungsvorschläge und übermittel[n] sie an das organisierende Unternehmen."[75] Sind die Aufgabenstellungen erst einmal nach außen kommuniziert, lässt sich der Bearbeitungsprozess nur noch sehr schwer lenken. Die Mög-

---

[69] Vgl. Leimeister, J. M., Crowdwork, 2015, S. 22.

[70] Vgl. Gassmann, O. et al., Crowdsourcing, 2010, S. 23.

[71] Gassmann, O. et al., Crowdsourcing-Prozess, 2010, S. 42.

[72] Gassmann, O. et al., Crowdsourcing, 2010, S. 23.

[73] Vgl. Gassmann, O. et al., Crowdsourcing-Prozess, 2010, S. 45.

[74] Vgl. Gassmann, O. et al., Crowdsourcing-Prozess, 2010, S. 45.

[75] Franke, N., Klausberger, K., Crowdsourcing, 2010, S. 59.

lichkeiten der Einflussnahme des Crowdsourcers sind zu diesem Zeitpunkt stark limitiert.[76] So besteht die Gefahr, dass die Fragestellungen von der Crowd anders aufgefasst werden, als es vom Auftraggeber beabsichtigt war. Sind diese einmal fehlinterpretiert, lässt sich seitens des Unternehmens kaum bis gar nicht darauf reagieren. Trotzdem sollte die gesamte Durchführung des operativen Crowdsourings, die Interaktion unter den Arbeitern sowie der Ideenfindungsprozess, nicht nur beobachtet werden. Der stetige Austausch erst erzeugt eine positive Signalwirkung, kann Rückfragen klären und sich letzlich förderlich auf die Aufgabenabwicklung auswirken.[77]

Bei der Ausführung der Arbeit wird in der Regel von zwei verschiedenen Formen, dargestellt in Abbildung 2, gesprochen. Eine Variante davon basiert auf einem wettbewerbsorientierten Ansatz, für den der zeitliche Faktor von Bedeutung ist oder aber die Qualität des Ergebnisses ausschlaggebend sein kann. Honoriert wird somit die am schnellsten erfüllte Aufgabe oder die beste Lösung. Die Leistungserfüllung erfolgt hier nicht kollaborativ, sondern wird von jedem Teilnehmer für sich erledigt. Anders als beim zusammenarbeitsorientierten Ansatz, bei dem die Lösungen durch Optimierung und Erweiterung gemeinschaftlich von der Crowd entwickelt werden und dementsprechend auch keine Konkurrenzsituation zwischen den Arbeitskräften existiert.[78]

---

[76] Vgl. Gassmann, O. et al., Crowdsourcing, 2010, S. 24.

[77] Vgl. Gassmann, O. et al., Crowdsourcing-Prozess, 2010, S. 48.

[78] Vgl. Leimeister, J. M., Crowdwork, 2015, S. 27.

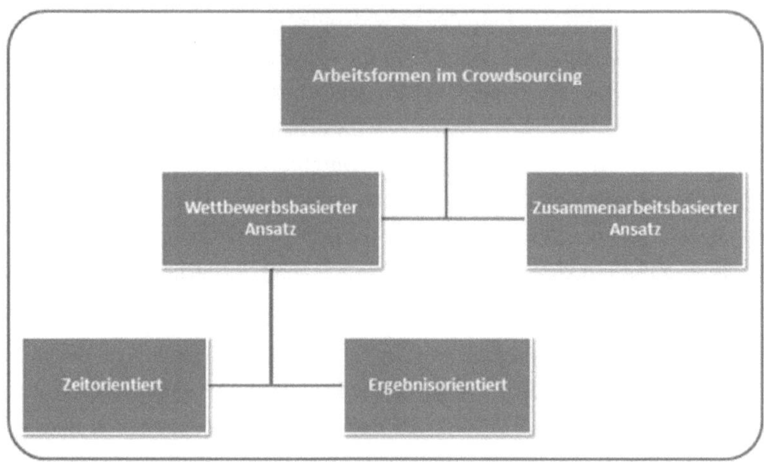

Abb. 2: Arbeitsansätze im Crowdsourcing
Quelle: Eigene Darstellung in Anlehnung an Leimeister, J. M. et al., Crowdwork, 2015, S. 28.

Für einen reibungslosen Ablauf bei der Durchführung des Crowdsourcings sind eine den Anforderungen gerecht werdende Plattform und funktionsfähige Systeme elementar. Um die Motivation der Crowdworker, insbesondere wenn diese intrinsischer Natur ist, nicht zur konterkarieren, muss allen voran eine störungsfreie Usability gewährleistet sein. Auch Aspekte von Schutz und Sicherheit der persönlichen Daten sollten zur Zufriedenheit der Crowdsourcees in einem angemessenen Maß berücksichtigt werden.[79]

3.1.2.4 Auswertung

In der vierten Phase des Crowdsourcing-Prozesses erfolgt die Auswertung der erhaltenen Ergebnisse. Die genaue Vorgehensweise, die Auswahl und Aggregation der Lösungen, ist dabei stark abhängig von der zuvor ausgewählten Arbeitsform.

Beim zusammenarbeitsorientierten Ansatz, dem oftmals die Aufteilung eines großen Projekts in viele kleine Teilaufgaben vorausgeht[80], müssen „die eingereichten Lösungen beziehungsweise Beiträge zu einer Gesamtlösung zusammen-

---

[79] Vgl. Leimeister, J. M., Crowdsourcing, 2012, S. 391.
[80] Vgl. Leimeister, J. M., Zogaj, J., Arbeitsorganisation, 2013, S. 40.

getragen und bewertet" [81] werden. Diese Aufgaben, die in der Regel nur einmal erledigt werden müssen und dann nicht mehr ausgeschrieben werden, kommen meist aus dem Bereich des Datenmanagements, während die Fragestellungen beim wettbewerbsorientierten Ansatz häufig im Ideenmanagement generiert werden und mehrmals bearbeitet werden können. Der Crowdsourcer hat an dieser Stelle die Pflicht, die Lösungen zu vergleichen, zu bewerten und die Beste auszuwählen.[82] Aufgrund der hohen Teilnehmerzahlen, die ein Crowdsourcing naturgemäß mit sich bringt, zieht dieser Arbeitsschritt besonders großen Aufwand nach sich. Eine umfangreiche Vorbereitung – die Definition der Kriterien, das Erstellen eines Bewertungsschemas und das Bereitstellen von genügend Ressourcen – ist zwingend erforderlich, um die Abwicklung der Auswertung zu bewältigen.[83]

Es empfiehlt sich, die im Vorfeld festgelegten Kriterien und Maßstäbe zur Bewertung öffentlich oder aber zumindest innerhalb der Community zu kommunizieren, damit sich die Betroffenen bei der Arbeit daran orientieren und die spätere Bewertung entsprechend nachvollziehen können. Eine Bewertung der eingereichten Ergebnisse, die bei der Crowd als unfair wahrgenommen wird, wirkt sich negativ auf das Image des projektleitenden Unternehmens aus. Für ein Höchstmaß an Fairness, lässt sich die Bewertung alternativ auch durch die Crowdworker selbst vornehmen.[84] Bei dieser Verfahrensweise wird auch von Crowdvoting gesprochen, welches im weiteren Verlauf dieser Arbeit noch ausführlicher behandelt wird.

3.1.2.5 Verwertung

In der Fachliteratur wird der fünfte und letzte Schritt im Crowdsourcing häufig als Vergütungsphase bezeichnet. Nicht alle Crowdsourcing-Initiativen sind jedoch an ein Vergütungsmodell gekoppelt, so dass sich der Autor dieser Arbeit gegen diese Formulierung entschieden hat. Wie Abbildung 1 zu entnehmen ist, sprechen Gassmann u.a. (Crowdsourcing-Prozess, 2010) hier von Verwertung, was den Kern dieser Phase deutlicher trifft und dementsprechend übernommen wurde.

---

[81]   Leimeister, J. M., Crowdwork, 2015, S. 23 f.

[82]   Vgl. ebd., S. 24.

[83]   Vgl. Gassmann, O. et al., Crowdsourcing, 2010, S. 24.

[84]   Vgl. Gassmann, O. et al., Crowdsourcing-Prozess, 2010, S. 50.

So findet bei bezahlten Crowdsourcing-Kampagnen durchaus nach der Auswertung die Entlohnung der Crowdsourcees statt[85], im Mittelpunkt steht aber – zumindest für das Unternehmen – die Verwertung der Ergebnisse, womit das Projekt grundsätzlich beendet wird.[86] Das Prozedere betrifft dabei hauptsächlich die Ergebnisse aus Kreativwettbewerben, aus denen es sich Vorteile zu schaffen gilt. Bei Aufgabenstellungen aus dem Datenmanagement profitiert der Crowdsourcer im Regelfall direkt von den Ergebnissen. Eine Zielvorgabe, welche die Richtung des Crowdsourcing-Prozesses vorgibt, sollte zu diesem Zeitpunkt in jedem Fall bereits bekannt sein.[87]

Zuletzt sollte auch die Nachhaltigkeit des Crowdsourcings sichergestellt werden. Dazu gehört nicht allein, die Ergebnisse gut geplant zu verwerten, sondern auch die „Leute, zumindest diejenigen, die sich durch kompetente, kreative und interessante Beiträge ausgezeichnet haben, … langfristig für weitere Fragestellungen [an das Unternehmen zu binden,] … um langfristig von ihrem Input zu profitieren."[88]

3.1.3 Ausprägungsformen des Crowdsourcings

In der Praxis wird Crowdsourcing nach drei unterschiedlichen Ausprägungsformen unterschieden: Crowdcreation, Crowdvoting und Crowdfunding. Die einzelnen Typologien lassen sich vordergründig durch die Aufgabenart und das Maß der Beanspruchung für die Crowdworker zur Erledigung dieser differenzieren.[89]

Seltener wird mit dem Crowdwisdom (zu dt. Weisheit der Massen) noch eine vierte Art des Crowdsourcings hervorgehoben. Der Großteil der Fachliteratur, wie auch der Autor dieser Arbeit, ist jedoch der Auffassung, dass das Crowdwisdom nur das Grundprinzip darstellt, auf dem alle Formen von Crowdsourcing basieren: Mit Schwarmintelligenz kann mehr Leistung erbracht werden als durch Individuen.[90]

---

85 Vgl. Leimeister, J. M., Crowdwork, 2015, S. 25.

86 Vgl. Gassmann, O. et al., Crowdsourcing, 2010, S. 24.

87 Vgl. Gassmann, O. et al., Crowdsourcing-Prozess, 2010, S. 52 f.

88 ebd., S. 53.

89 Vgl. Leimeister, J. M., Zogaj, J., Arbeitsorganisation, 2013, S. 68.

90 Vgl. Leimeister, J. M., Collective Intelligence, 2010, S. 245.

3.1.3.1 Crowdcreation

Um dauerhaft wettbewerbsfähig zu bleiben, ist es für Unternehmen erforderlich sich weiterzuentwickeln und fortwährend Ideen zu generieren. Mittels Crowdcreation, der intensivsten Ausprägungsform des Crowdsourcings, lässt sich die dafür notwendige Kreativität extern beziehen.[91] Ähnlich den Mitarbeitern aus Zeitarbeitsfirmen, nur unter anderen Rahmenbedingungen, wird auch hier auf externe Arbeitskräfte zur Erfüllung bestimmter Aufgabenstellungen zurückgegriffen, ohne sich langfristig an diese binden zu müssen. Die Ergebnisse und Lösungen dieser Arbeiten können „Ideen, Designs und Konzepte"[92] sein oder sich um „ein entwickeltes Produkt, eine Antwort auf eine Frage, ein ausgefülltes Dokument, einen (Fehler-)Bericht oder ein Stück Softwarecode handeln."[93] Crowdcreation ist in diesem Zusammenhang also durch die proaktive und produktive Mitarbeit der Crowdworker gekennzeichnet. Die Möglichkeiten sind dabei nahezu grenzenlos, so dass sich sowohl im Ideenmanagement als auch im Datenmanagement in den unterschiedlichsten Facetten mit Crowdcreation Vorteile für das Unternehmen erzielen lassen.[94]

Ein Beispiel aus dem Bereich des Datenmanagements ist Mechanical Turk von Amazon. Die Crowdsourcing-Plattform des amerikanischen Online-Versandhauses stellt einen Marktplatz dar, auf dem Unternehmen ihre Aufgabenstellungen, Human Intelligence Tasks (HITs) genannt, zu festgelegten Preisen ausschreiben können.[95] In der Crowd, die sich aus mehr als einer halben Million Microjobbern aus weltweit 190 Ländern zusammensetzt, wählt jeder die für sich interessanten HITs aus dem Aufgabenpool aus, erledigt diese und erhält dafür eine kleine Bezahlung, die bei Unzufriedenheit auf Seiten des Auftraggebers allerdings auch verwehrt werden kann.[96] Typische Aufgaben, die über den Intermediär vermittelt werden, sind u.a. die Transkription von Audiosequenzen und das Testen von Webseiten.[97]

---

[91] Vgl. Horx, M., Liebetrau, A., Creative Crowd, 2010, S. 188.

[92] Leimeister, J. M., Zogaj, J., Arbeitsorganisation, 2013, S. 87.

[93] ebd., S. 53.

[94] Vgl. Roskos, M., Social Media Communities, 2012, S. 192.

[95] Vgl. Mechanical Turk, Introduction, o.J., o.S.

[96] Vgl. Schnellbacher, M., Amazon Mechanical Turk, 2015, o.S.

[97] Vgl. Leimeister, J. M., Crowdsourcing, 2012, S. 390.

Als Best Practice wird in der Wissenschaft sowie in Fachmagazinen immer wieder Tchibo ideas aufgeführt. Die Plattform des Kaffeeproduzenten und Konsumgüterunternehmens hat seine Wurzeln im Ideenmanagement und deckt die gesamte Bandbreite des Innovationsprozesses ab. Crowdsourcing wird in diesem Fall sowohl für die Generierung von Ideen eingesetzt als auch zur Entwicklung der dazugehörigen Lösungen, so dass sich für Tchibo die gesamte Produktneuentwicklung mithilfe der Crowd durchführen lässt. Von der Idee bis zum Markteintritt.[98] Tchibo richtet sich dabei an zwei unterschiedliche Zielgruppen. Zum einen werden Nutzer angesprochen, „die auf der Plattform ihre Alltagsprobleme schildern können, und auf der anderen Seite bietet Tchibo ideas Designern ein Forum, um ihre Entwürfe zu präsentieren."[99] Zur Motivation der Crowd, die persönlichen Probleme auf der Plattform zu teilen, wird die Ideengenerierung in einen wettbewerbsorientierten Kontext gebracht und jeden Monat ein Preisgeld für die jeweils beste Aufgabe ausgelobt. Die eingereichten Aufgaben sind für alle einsehbar, so dass diese sogleich unter den Nutzern in der Community diskutiert und vergleichen werden können.[100] Auch die Lösungen der Designer und Entwickler können von den Crowdworkern bewertet werden, so dass dem Crowdsourcer Tchibo gleich ein Eindruck von der Marktakzeptanz des Produktes entsteht. Sind die Aussichten, nach Überprüfung aller Faktoren, von Umsetzbarkeit bis Wirtschaftlichkeit, erfolgsversprechend, wird das Ergebnis in Produktion gegeben und von Tchibo vermarktet und vertrieben.[101] In diesem Fall „erhält der Designer für jedes seitens Tchibo eingekaufte Produkt eine Umsatzbeteiligung."[102]

Wie es in Abbildung 3 deutlich wird, steht diese Ausprägung des Crowdsourcings nicht nur für die komplexesten Möglichkeiten und eine große Aufgabenvielfalt, sondern gleichwohl auch für exorbitant höhere Produktionskosten, die die Crowdworker aufzubringen haben. Crowdcreation hebt sich somit nicht nur inhaltlich von Crowdvoting und Crowdfunding ab, sondern viel mehr noch durch die „Eigenleistungen und Aufwände in Form von Zeit-, Kosten- und evtl. sogar Materialin-

---

[98] Vgl. Bahrs, J., Open Innovation, 2014, S. 1.

[99] Friesike, S. et al., Tchibo ideas, 2010, S. 118.

[100] Vgl. ebd., S. 119.

[101] Vgl. Bahrs, J., Open Innovation, 2014, S. 1.

[102] Friesike, S. et al., Tchibo ideas, 2010, S. 121.

vestitionen", die „im Sinne der Transaktionskostentheorie" zur Erfüllung der Aufgabenstellungen unabdingbar sind.[103]

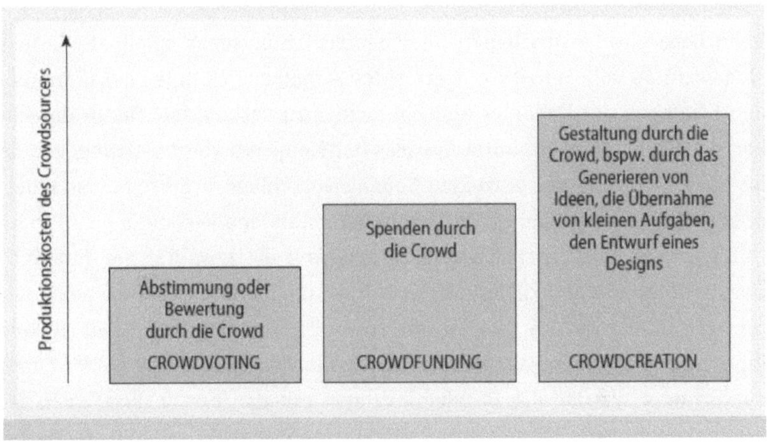

Abb. 3: Typologie der Crowdsourcing-Ausprägungen
Quelle: Leimeister, J. M., Crowdsourcing, 2012, S. 390.

3.1.3.2 Crowdvoting

Crowdvoting umschreibt alle Crowdsourcing-Maßnahmen, bei denen „Bewertungen, Abstimmungen, Meinungen oder Empfehlungen zu einem bestimmten Sachverhalt abzugeben"[104] sind. Die Transaktionskostentheorie betreffend, stellt Crowdvoting das Pendant zu Crowdcreation dar und ist somit die Ausprägungsform, bei der die Crowdworker unter dem geringsten Mitteleinsatz mitwirken können.[105]

Üblicherweise werden Entscheidungen konventionell im Kreise der Verantwortlichen eines Unternehmens getroffen. Mittels Crowdvoting lässt sich die Entscheidungsfindung an eine Masse übertragen, die sich im Idealfall bereits mit der Thematik beschäftigt hat. Wenn ein möglicher Kontrollverlust durch eine angemessene Vorbereitung ausgeschlossen werden kann, lassen sich aus den Ergebnissen der Abstimmung Erkenntnisse ziehen, die sich sonst nur mit einer kost-

---

[103] Leimeister, J. M., Crowdsourcing, 2012, S. 390.
[104] Leimeister, J. M., Zogaj, J., Arbeitsorganisation, 2013, S. 87.
[105] Vgl. ebd., S. 68.

spieligen Marktforschungsanalyse erzielen ließen.[106] Erhebliche Kosteneinsparungen und die Validität der Ergebnisse sind, sofern dem eine klare Definition der Fragestellung vorausgegangen ist, zu erwarten.[107]

Beim bereits angesprochenen Intermediär Tchibo ideas spielt das Crowdvoting eine wichtige Rolle, um die eingereichten Aufgabenstellungen der Community mit den Lösungen der Designer und Entwickler zu verknüpfen. Durch das Einbeziehen der User in den gesamten Prozess der Neuproduktentwicklung, von der Idee bis zur Bewertung der einzelnen Lösungsvorschläge, erfahren diese eine außerordentliche Wertschätzung. Die dadurch entstandene Verbindung zu Produkt und Unternehmen wirkt sich dabei nachhaltig auf die Loyalität der Kunden aus.[108] Darüber hinaus trägt das Voting der Nutzer, die damit einen entscheidenden Faktor bei der Auswertung ausmachen, sowohl in der Community als auch bei den Innovatoren zu einem Gefühl von Fairness in der Beurteilung bei.[109] Zum Anreiz der Erfinder werden die Problemlösungen mit den besten Resultaten aus dem Crowdvoting monatlich mit einem attraktiven Preisgeld belohnt, so wie zum Jahresende nochmal von einer Expertenauswahl für einen Wettbewerb um eine gut dotierte Auszeichnung bewertet.[110] Durch die medienwirksame und ansprechende Gestaltung dieser Wettbewerbe, sind die zu einer guten Reputation führenden Auszeichnungen bei den Designern besonders begehrt.[111]

Ein weiteres Beispiel lässt sich bei Amazon beobachten, das Crowdvoting anwendet, um einen Nutzen aus den Meinungen der Kunden zu ziehen. Das Bewertungssystem des Online-Versandhauses, bei dem bis zu fünf Sterne für die angebotenen Produkte vergeben werden können, soll der Verkaufsförderung dienen. Im Shop-System auf der entsprechenden Website wird im Kaufprozess bereits Cross-Selling betrieben, um zum Kauf zusätzlicher Artikel zu verleiten. Auf Grundlage der Bewertungen werden Empfehlungen ausgesprochen, die den Kaufentscheidungsprozess positiv beeinflussen sollen.[112]

---

[106] Vgl. Franke, N., Klausberger, K., Crowdsourcing, 2010, S. 63.

[107] Vgl. ebd., S. 71.

[108] Vgl. Aßmann, S., Röbbeln, S., Social Media, 2013, S. 272.

[109] Vgl. Gassmann, O. et al., Crowdsourcing-Prozess, 2010, S. 50.

[110] Vgl. Mehring, H., Tchibo ideas, 2009, o.S.

[111] Vgl. Borchardt, H.-J., Dezentrales Marketing, 2012, S. 121.

[112] Vgl. Leimeister, J. M., Crowdsourcing, 2012, S. 389.

Kunden, die diesen Artikel gekauft haben, kauften auch

The Wisdom of Crowds	Crowdsourcing (MIT Press Essential Knowledge)	Wie Surfen zu Arbeit wird: Crowdsourcing im Web 2.0
› James Surowiecki	› Daren C. Brabham	› Christian Papsdorf
⭐⭐⭐⭐☆ 13	⭐⭐⭐⭐⭐ 1	⭐⭐⭐⭐⭐ 2
Taschenbuch	Taschenbuch	Broschiert
EUR 12,99 ✓Prime	EUR 12,99 ✓Prime	EUR 24,90 ✓Prime

Abb. 4: Cross-Selling bei Amazon
Quelle: Amazon, Cross-Selling, o.J., o.S.

3.1.3.3 Crowdfunding

Wie bei allen Formen des Crowdsourcings findet auch beim Crowdfunding eine Auslagerung statt, wobei hier „die Auslagerung der Finanzierung eines Projekts an die breite Masse gemeint"[113] ist. Dazu werden in der Praxis Mikrokredite vergeben, die sich in der Regel auf einen ein- bis vierstelligen Eurobetrag belaufen.[114]

Beim Crowdfunding herrscht unter den Experten teilweise Uneinigkeit, was die Einordung dieser Methode betrifft. Papsdorf (Crowdsourcing, 2009) weist darauf hin, dass beim Crowdfunding keine Arbeit durch die Masse verrichtet wird und diese Art der Finanzierung somit nicht dem Crowdsourcing zuzuordnen sei.[115] Die überwiegende Mehrheit in der Fachliteratur erkennt jedoch „eine spezielle Erscheinungsform von Crowdsourcing" und begründet dies damit, dass ebenfalls Zugriff auf eine Menschenmenge von Freiwilligen erfolgt, „um [eine] entsprechende Wertschöpfung zu generieren."[116] Diese „konzeptionelle Verwandtheit" sieht auch Papsdorf (Crowdsourcing, 2009), der „Crowdfunding [als] eine Strategie der Beschaffung von Kapital zu verstehen [gibt], bei der eine große Anzahl

---

[113] Gassmann, O. et al., Geschäftsmodelle, 2013, S. 99.
[114] Vgl. Aßmann, S., Röbbeln, S., Social Media, 2013, S. 260.
[115] Vgl. Papsdorf, C., Crowdsourcing, 2009, S. 73.
[116] Kaltenbeck, J., Crowdfunding, 2011, S. 5.

individueller Akteure Finanzmittel in ein Projekt investiert ... [und] Investoren .. im Gegenzug Mitspracherecht in der Gestaltung des konkreten Projektes oder eine Gewinnausschüttung" bekommen.[117] Die Crowdfunder allerdings verfolgen – im Gegensatz zu Kreditinstituten und anderen Finanzierern – selten das Ziel, einen Ertrag aus der Kapitalanlage zu erhalten, sondern haben primär ein persönliches Interesse an der Umsetzung des jeweiligen Projekts und sehen Ihre Investition dadurch eher als Unterstützung dessen an.[118]

Zurückblickend ist herauszustellen, dass Crowdfunding kein gänzlich neues Phänomen ist. Bereits im Jahr 1885 wurden das Fundament und der Aufbau der New Yorker Freiheitsstatue mithilfe eines öffentlichen Spendenaufrufs finanziert. Josef Pulitzer, amerikanischer Zeitungsverleger und Stifter des hoch angesehenen Pulitzer-Preises für Medien und Journalisten, hatte seinerzeit an die Bevölkerung appelliert. 120.000 Geldgeber, denen die namentliche Erwähnung in einer der Publikationen des Herausgebers versprochen wurde, konnten nach wenigen Monaten eine Summe in Höhe von 100.000 Dollar zusammentragen.[119]

Ein Beispiel aus der aktuellen Zeit ist der Kinofilm zur TV-Serie Stromberg, dessen Produktion 2011 erst durch eine Crowdfunding-Kampagne ermöglicht wurde. Dass das Finanzierungsziel von einer Million Euro bereits nach einer Woche erreicht worden war, übertraf jedoch alle Erwartungen und überraschte allen voran Ralf Husmann, den Produzenten der Serie, der 2015 in einem Interview mit dem HORIZONT bekannt gab, dass man mit einer Projektlaufzeit von bis zu drei Monaten geplant hatte.[120] Rund 3000 Investoren beteiligten sich an der Finanzierung des Filmprojekts und partizipierten rund drei Jahre später mit einer Rendite von fast 17 Prozent am Erfolg des Kinofilms.[121] Da sich durch die TV-Serie schon eine große Fanbasis aufgebaut hatte, fanden die Initiatoren des Crowdfundings über die sozialen Netzwerke sehr schnell Zugang zu den potentiellen Geldgebern. Die Kampagne wurde jedoch nicht nur aufgrund der finanziellen Aspekte initiiert, sondern sollte zugleich auch das Interesse der Fans und Förderer ermitteln und wecken. Somit ist zu schlussfolgern, dass in vielen Crowdfunding-Projekten in

---

[117] Papsdorf, C., Crowdsourcing, 2009, S. 73.

[118] Vgl. Gassmann, O. et al., Geschäftsmodelle, 2013, S. 99.

[119] Vgl. Papon, K., Crowdlending, 2016, S. 1.

[120] Vgl. HORIZONT Online, Interview Ralf Husmann, 2015, o.S.

[121] Vgl. WELT, Stromberg, 2014, o.S.

einem nicht unerheblichen Ausmaß auch Marketingzwecke eine Rolle spielen.[122] Schildhauer und Voss (Crowdsourcing, 2013) bezeichnen Crowdfunding gar als „eine Art erweitertes Crowd Voting", was durch „ein sehr hohes Involvement" der Nutzer begründet wird.[123] Diese geben hier nicht nur ein einfaches Meinungsbild ab, sondern bringen darüber hinaus – auf freiwilliger Basis – einen Geldbetrag dafür auf, ohne vorerst einen finanziellen Vorteil zu haben.

Wie die beiden Beispiele untermalen, sind es damals wie heute hauptsächlich künstlerische Darbietungen und kulturelle Projekte, die durch das Kollektiv finanziert werden. Durch das Modell mit den Mikrokrediten wird Menschen aus allen Gesellschaftsschichten ermöglicht, die ihnen zusagenden Vorhaben zu unterstützen.[124] Die Entwicklung des Crowdfundings zeichnet sich allerdings dahingehend ab, dass es „auch einen wachsenden Markt für Projekte zur Finanzierung von Geschäftsideen" gibt, was wiederum „zu Forderungen nach einer besseren staatlichen Aufsicht geführt [hat], um Anleger vor den damit einhergehenden Verlustrisiken zu schützen."[125]

3.1.4 Chancen

Die primäre Intention bei der Durchführung eines Crowdsourcing-Projekts ergibt sich daraus, dass so „Fixkosten, Investitionen und die unternehmerischen Risiken abgewälzt [werden können], um dadurch möglichst große Kostenanteile variabel und skalierbar zu halten."[126] Den Unternehmen bietet sich die Möglichkeit, flexibler auf Schwankungen im Markt und andere äußere Einflüsse zu reagieren.[127] Weitergehend ist es vor allem von elementarer Bedeutung, Geld und Zeit einzusparen. Durch die große Masse an Crowdworkern kann eine Vielzahl von Aufgaben zur selben Zeit und in hoher Geschwindigkeit erledigt werden, was zu einer verbesserten Effektivität und damit zu einem höheren Arbeitspensum führt.[128] Eine weitere Chance, die den Zweck des Crowdsourcings im Kern trifft, ist die Abschöpfung der in der Crowd vorhandenen Kreativität. Die Unternehmen haben

---

[122] Vgl. Janotta, A., Movie-Finanzierung, 2014, o.S.

[123] Schildhauer, T., Voss, H., Crowdsourcing, 2013, S. 501.

[124] Vgl. ebd., S. 499.

[125] WELT, Stromberg, 2014, o.S.

[126] Rio Antas, J.-C., Crowdsourcing, 2015, S. 325.

[127] Vgl. Leimeister, J. M., Crowdwork, 2015, S. 31.

[128] Vgl. Schnellbacher, M., Amazon Mechanical Turk, 2015, o.S.

dafür gewisse Voraussetzungen zu erfüllen. Dazu zählen u.a. eine fortschrittliche Expertise in der technischen Umsetzung, eine ansprechende Kommunikation mit den Arbeitnehmern und die Fähigkeit, monetär wie auch inhaltlich reizvolle Aufgaben vermitteln zu können.[129]

In der Außenwirkung können solche Projekte das Image eines Unternehmens positiv beeinflussen: „Da Crowdsourcing ein vergleichsweise junges Innovationswerkzeug ist und eine breite Masse an Externen einbezieht, ist es geeignet, um die Innovativität des Unternehmens zu signalisieren."[130] So lenken die Crowdsourcer nicht nur den Ruf des Unternehmens in eine nachhaltig innovative Richtung, sondern „generieren damit neue Alleinstellungsmerkmale und können sich [so] Wettbewerbsvorteile am Markt verschaffen."[131] Durch das kollaborative Arbeiten mit den Kunden, welchen nicht nur gefühlt ein Beitrag zur Produktkonzeption und -gestaltung zu attestieren ist, lässt sich eine entscheidende Signalwirkung für den jeweiligen Kaufentscheidungsprozess erzeugen. Im besten Falle führt dies zu einer intensiven Identifikation mit dem Produkt oder gar dem Unternehmen.[132] Mit einer ausgereiften PR-Strategie kann die Integration der Internetnutzer in die Entwicklungsprozesse schließlich auch dem Aufbau einer Marke dienen und Assoziationen herstellen, die ein zukunftsfähiges Bild des Unternehmens wiedergeben. Im weiteren Verlauf der Marketingbemühungen, insbesondere im Bereich der Social Medias, wird dadurch auch das Eintreten viraler Effekte gefördert, die eine explosionsartige Bekanntheitssteigerung der Produktneuentwicklungen nach sich ziehen können.[133]Im Idealfall führt Crowdsourcing letztlich zu einer Win-Win-Situation, in der die Anregungen der (potentiellen) Kundschaft Gehör finden und der Crowdsourcer von neuen Impulsen für sein Geschäft profitiert.[134]

Aber auch in Bezug auf die Arbeitskräfte ergeben sich neue Chancen auf beiden Seiten. Die Arbeitgeber können z.B. mittels Crowdsourcing den Fachkräftemangel in der IT-Branche ausgleichen oder geografische sowie infrastrukturelle Hürden beim Recruiting überwinden. Die Arbeitnehmer dagegen können ihren Alltag

---

[129] Vgl. Janczikowsky, S., Crowdsourcing, 2015, S.28.

[130] Gassmann, O. et al., Crowdsourcing, 2010, S. 26.

[131] Hilker, C., Social-Media-Strategien, 2012, S. 80.

[132] Vgl. Franke, N., Klausberger, K., Crowdsourcing, 2010, S. 71.

[133] Vgl. Roskos, M., Social Media Communities, 2012, S. 203.

[134] Vgl. Gassmann, O. et al., Crowdsourcing, 2010, S. 26.

durch die Heimarbeit flexibel organisieren.[135] Eine Besonderheit unter den Vermittlern zwischen Arbeitgebern und Arbeitskräften stellt die Non-Profit-Organisation Samasource dar, die es sich zum Ziel gemacht hat, Armut in Entwicklungsländern mit Crowdsourcing zu bekämpfen. Umfangreiche Aufgabenstellungen werden von großen amerikanischen Firmen aus der Digitalbranche akquiriert, darunter z.B. Google und LinkedIn, in kleine Microtasks zerlegt und den in wirtschaftlich und sozial schwachen Regionen lebenden Menschen zur Bearbeitung zur Verfügung gestellt. Diese können sich mit den bezahlten Vergütungen das knappe Einkommen aufbessern, Anschluss an das Sozialleben finden und nicht selten auch im Arbeitsleben weiter Fuß fassen.[136] Grundsätzlich ist also festzuhalten, dass sich durch Crowdsourcing tendenziell immer mehr und vor allem auch „bisher ungeahnte neue Karrieremöglichkeiten für Facharbeiter [und sozial benachteiligte Menschen] eröffnen".[137]

3.1.5 Risiken

Auf Seiten der Unternehmen gelten die temporäre Verfügbarkeit der eingeholten Fähigkeiten sowie ein möglicher Wissensverlust als die zentralen Risiken bei der Anwendung von Crowdsourcing.[138] Wie auch beim klassischen Outsourcing, besteht auch beim Crowdsourcing die Gefahr, dass die Auslagerung von Fachwissen ein problematisches Ausmaß annimmt. Kann bspw. bei einem Incident, ein schwerwiegender Störungsfall in der IT-Infrastruktur, nicht unmittelbar auf spezialisierte Ressourcen mit dem technischen Know-how zur Problemlösung zurückgegriffen werden, wird die gesamtbetriebliche Handlungsfähigkeit massiv eingeschränkt. Während also der Mangel an unternehmensinterner Expertise in einzelnen Bereichen das gesamte Unternehmen zum Erliegen bringen kann, wird der Zugriff auf externes Fachwissen durch Kommunikation und Steuerung über mehrere Schnittstellen deutlich erschwert.[139]

Ein weiterer Punkt, der im Risikomanagement ein stetiges Thema ist, sind die Kosten. Dabei zu beachten ist, dass für die Durchführung des Crowdsourcings an sich bedeutend weniger finanzieller Aufwand entsteht als für die Aus- und Ver-

---

[135] Vgl. Kittur, A. et al., Crowdarbeit, 2015, S. 178.

[136] Vgl. Dolan, Kerry, Wealth Creation, 2011, o.S.

[137] Kittur, A. et al., Crowdarbeit, 2015, S. 174.

[138] Vgl. Rio Antas, J.-C., Crowdsourcing, 2015, S. 326.

[139] Vgl. Koppelmann, U., Outsourcing, 1996, S. 6 f.

wertung des Inputs. Erst die letzten beiden projektabschließenden Phasen bergen die ernstzunehmende Gefahr, dass die Gesamtkosten des Crowdsourcing-Prozesses die Planzahlen übersteigen.[140] Wenn die Kostenplanung des Crowdsourcers aufgeht, kann dies ein Indiz dafür sein, dass die Kostenproblematik auf die Crowdworker abgewälzt und das Risiko entsprechend ausgelagert wurde. Häufig geschieht dies mittels einer stark erfolgsorientierten Entlohnung oder dadurch, dass die geleisteten Arbeiten generell schlecht vergütet werden.[141] Zudem ist die Arbeiterschaft innerhalb der Crowd dem Risiko ausgesetzt, dass sich die Nachteile des tayloristischen Organisationsmodells, von dem in der realen Welt längst eine Abkehr stattgefunden hat, im Crowdsourcing neu manifestieren können.[142] Die „digitale Akkordarbeit"[143], die oftmals sehr monoton zu erledigen ist, weist in dieser Hinsicht große Parallelen zur Fließbandarbeit auf, wie sie für den Taylorismus typisch war. Ziel dieser Arbeitsorganisation ist es, „die Arbeitsproduktivität durch Standardisierung und Zerlegung komplexer Arbeitsvorgänge in kleinere Einzeltätigkeiten – und damit auch durch stärkere Arbeitsteilung – zu steigern."[144] Unternehmer neigen aufgrund dessen dazu, auf Crowdsourcing zurückzugreifen, um „mit ausbeuterischen Methoden billige Ergebnisse zu erzielen."[145] Die geringen Löhne können im Umkehrschluss aber auch für den Crowdsourcer ein Risiko darstellen, wenn der dadurch entstehende Motivationsverlust bei der Crowd sich in Quantität oder Qualität negativ auf die Ergebnisse auswirkt. Auch die Motivation der festangestellten Mitarbeiter kann im Rahmen einer Crowdsourcing-Initiative beeinträchtigt werden. Insbesondere dann, wenn deren Ideen nicht mindestens eine ebenwürdige Wertschätzung erfahren. Man spricht auch vom Not-invented-here-Syndrom, wenn bei den internen Mitarbeitern, u.a. auch aus Sorge um den eigenen Arbeitsplatz, eine Abneigung gegenüber dem externen Wissen entsteht.[146]

In diesem Zusammenhang ist auch der Interessenkonflikt zu erwähnen, der zwischen dem Initiator und den Teilnehmern besteht. Das Unternehmen ist bestrebt

---

[140] Vgl. Gassmann, O. et al., Crowdsourcing, 2010, S. 26.

[141] Vgl. ebd., S. 27; Leimeister, J. M., Crowdwork, 2015, S. 31.

[142] Vgl. Däubler, W., Internet, 2015a, S. 59.

[143] Leimeister, J. M., Crowdwork, 2015, S. 32.

[144] ebd., S. 21.

[145] Kittur, A. et al., Crowdarbeit, 2015, S. 174.

[146] Vgl. Leimeister, J. M., Crowdwork, 2015, S. 33.

den größtmöglichen Profit aus den eingereichten Ideen zu ziehen, während die Innovatoren selbst an daraus resultierenden Erfolgen partizipieren möchten.[147] Um das Risiko einer Interessenkollision zu vermeiden, müssen sich „Unternehmen[,] die Ideen aus einem Crowdsourcing-System nutzen möchte[n], … die Verwertungsrechte sichern."[148] Aufgrund der üblicherweise begrenzten und zumeist kurzen Produktlebensdauer sind befristete Verträge bei der Fixierung der Nutzungsrechte für die Unternehmen in der Regel legitim. Ein geringes Restrisiko, dass sich eine Produktinnovation ungeahnt zu einem sog. Longseller, also einem Produkt, welches sich über einen besonders langen Zeitraum verkauft, entwickelt, bleibt jedoch bestehen.[149]

Ebenso bestehen bleibt die stetige Gefahr, dass ein Crowdsourcing-Projekt einen unerwünschten Verlauf nimmt und es zu einem Kontrollverlust beim Crowdsourcer kommt.[150] So hatte z.B. der deutsche Konsumgüterhersteller Henkel 2011 über Facebook einen wettbewerbsbasierten Aufruf unter dem Namen „Mein Pril" gestartet, laut dem die User eine neue Variation des Spülmittels Pril kreieren sollten. Die in einem Crowdvoting auserwählte Variante sollte dann produziert werden. Zum Leidwesen Henkels und zur Freude vieler Teilnehmer hatte sich die offensichtlich nicht ganz ernst gemeinte Kreation „Hähnchengeschmack" (siehe Abb. 5) durchgesetzt. Mit einer nachträglich einberufenen Jury wurde dem letztlich jedoch Einhalt geboten.[151]

---

[147] Vgl. Gassmann, O. et al., Crowdsourcing, 2010, S. 27.

[148] Franke, N., Klausberger, K., Crowdsourcing, 2010, S. 62.

[149] Vgl. ebd., S. 70 f.

[150] Vgl. Aßmann, S., Röbbeln, S., Social Media, 2013, S. 263.

[151] Vgl. Breithut, J., Mein Pril, 2011, o.S.

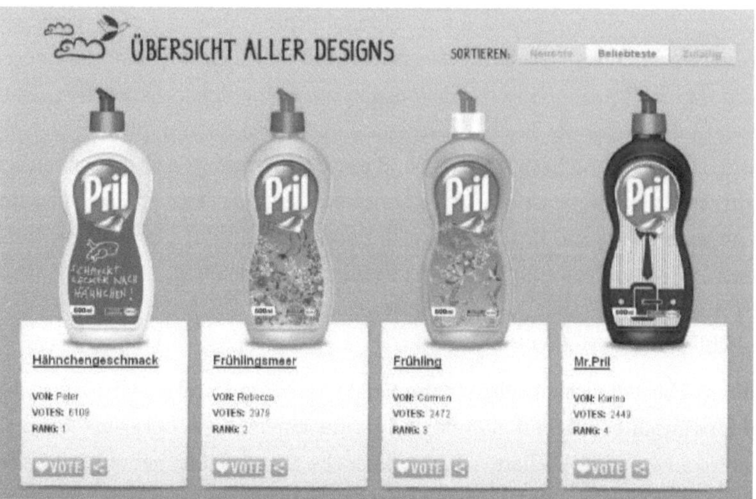

Abb. 5: Übersicht der beliebtesten Pril-Designs
Quelle: Breithut, J., Mein Pril, 2011, o.S.

Die Teilnehmer reagierten darauf allerdings mit Unverständnis und kritisierten Henkel drastisch für diesen Eingriff.[152] Um einem solchen Shitstorm bereits im Vorfeld vorzubeugen, sollten derlei Projekte zuvor hinreichend durchgeplant und die Rahmenbedingungen bereits im Detail konkretisiert worden sein.[153]

Wie ein erfolgreiches Krisenmanagement in solchen Fällen funktioniert, bewies dagegen das Versandhaus Otto, das 2010 einen Modelcontest über Facebook ins Leben rief. Das Model mit den meisten Stimmen im Crowdvoting sollte ein professionelles Fotoshooting sowie eine zweiwöchige Präsenz auf der Facebook-Seite erhalten. Den Wettbewerb für sich entscheiden konnte letzten Endes ein junger Mann mit blonder Perücke und einigen extravaganten Accessoires unter dem Namen „Der Brigitte". Das Unternehmen Otto bewies Humor, nahm die Situation an und führte das Fotoshooting wie angekündigt durch, was in der Community sehr gut ankam. So konnte Otto viele Sympathien gewinnen und einen regelrechten Hype um die Aktion entfachen, der von einer umfangreichen Publicity in Funk und Fernsehen gekrönt wurde.[154]

---

[152] Vgl. Aßmann, S., Röbbeln, S., Social Media, 2013, S. 263.

[153] Vgl. ebd., S. 274.

[154] Vgl. HORIZONT Online, Otto-Modelcontest, 2010, o.S.

3.1.6 Kritik

Crowdworker stellen ihre Arbeitskraft grundsätzlich immer freiwillig zur Verfügung. Während diese beim einfachen Crowdsourcing nicht vergütet wird und monetäre Anreize somit keine Rolle spielen, werden die bezahlten Microtasks tendenziell von Geringverdienern und Geringqualifizierten erledigt, um den Lebensunterhalt aufzubessern oder gar die Existenz zu sichern.[155] Zum Verständnis der Problematik dabei müssen die Aufgaben unterschieden werden: Einerseits in die „sicher bezahlten Tätigkeiten wie bei Amazon Mechanical Turk[, bei denen es sich] meist gleichzeitig um schlecht vergütete Mikroaufgaben handelt, die keine große kognitive Anstrengung erfordern. Hochdotierte Wettbewerbe stellen hingegen eine sehr unsichere Einnahmequelle dar, da nur eine(r) den Wettbewerb gewinnt."[156] Für letztgenannten Fall gilt InnoCentive als Pionier in der Branche und vermittelt zumeist zwischen den Fachleuten für verschiedene Naturwissenschaften und bspw. den F&E-Abteilungen von Pharmakonzernen, die Forschungsfragen an die Privathaushalte auslagern und Problemlösungen in der Regel mit fünfstelligen Preisgeldern belohnen.[157] Auf Kritik stoßen dagegen viel mehr die Anbieter von Microtasks, denen vorgeworfen wird, die Kehrseite der Digitalisierung auszunutzen und sich an der Notlage der ohnehin schon gering Verdienenden zu bereichern.[158] Die Auswirkungen des Crowdsourcings betreffen jedoch nicht nur die Beteiligten selbst, sondern können viel weiter reichende Folgen haben. Insbesondere für die festangestellten Mitarbeiter der Crowdsourcer, deren Arbeitsplätze aufgrund der Externalisierung womöglich wegrationalisiert werden könnten, die sich aber sicher einem erhöhten Druck ausgesetzt sehen.[159]

Deutlich massiver in der Kritik stehen allerdings die Arbeitsbedingungen der Crowdworker, die von den Intermediären „explizit als Selbstständige" bezeichnet werden, um „die Kosten und gesetzlichen Verpflichtungen auf ein Minimum beschränken zu können".[160] Da noch keine ausgereiften gesetzlichen Bestimmungen für das Crowdsouring existieren, können die Vorreiter auf diesem Gebiet noch relativ frei handeln und die Ausarbeitung solcher Regelungen mitlenken. Kritiker

---

[155] Vgl. Fründt, S. et al., Digitale Tagelöhner, 2014, o.S.; Schultze, C., Digitale Minijobs, 2015, o.S.

[156] Leimeister, J. M., Zogaj, J., Arbeitsorganisation, 2013, S. 74 f.

[157] Vgl. Uehlecke, J., InnoCentive, 2007, S.1

[158] Vgl. Cohen, L., Crowdwork, 2015, S. 310 f.

[159] Vgl. Rio Antas, J.-C., Crowdsourcing, 2015, S. 328.

[160] Cohen, L., Crowdwork, 2015, S. 308.

sehen so denn die gewachsenen Arbeitsrechte, wie die Beschränkung der Arbeitszeit, Urlaubsansprüche, Lohnuntergrenzen oder das vom Arbeitgeber unterstützte Versicherungssystem, als gefährdet an.[161] Durch die Verschmelzung von Digitalisierung und Globalisierung, die eine vollständige Unabhängigkeit von Zeit und Ort mit sich bringt, kommt es insbesondere beim Lohnniveau zu einer Zuspitzung der Entwicklung, weil Aufgabenstellungen weltweit bearbeitet werden können und „die niedrigen Löhne zum Beispiel der Arbeitskräfte aus Entwicklungsländern voll zur Geltung"[162] kommen. Um dem entgegenzuwirken, forderte die IG Metall im Februar 2016, dass auch Crowdworker mit dem gesetzlich festgelegten Mindestlohn von 8,50 Euro pro Stunde zu entlohnen seien. Eine unter dem Namen FairCrowdWork Watch ins Leben gerufene Web-Plattform der Gewerkschaft soll dem Nachdruck verleihen und einen Austausch unter den digital agierenden Arbeitskräften sowie eine Bewertung der jeweiligen Intermediäre ermöglichen.[163]

Noch rigoroser wirkt das Geschäftsmodell nur, wenn einzelnen Arbeitskräften gänzlich der Lohn verwehrt wird. „Regelungen, die es erlauben ... die Arbeit von Mikrotaskern ohne Angabe von Gründen zurückzuweisen"[164] nämlich verschaffen den Crowdsourcern große Spielräume, während sich die Crowdsourcees dem Missbrauch dieser ausgesetzt sehen. Grundsätzlich gilt es als problematisch, dass auf diversen Plattformen Aufgaben von mehreren Personen zur selben Zeit bearbeitet werden können und abschließend nur das beste Ergebnis prämiert wird. Den digitalen Arbeitnehmern wird somit die Grundlage zur Planungssicherheit genommen. Bei Amazon Mechanical Turk erfahren diese zudem eine weitere Einschränkung der Verdienstmöglichkeiten dadurch, dass es pro Person ein Tageslimit für die Bearbeitung der HITs gibt. Selbiger Intermediär wurde allerdings auch schon von den Auftraggebern kritisiert, welche die Kommission beanstandeten, die auf die zu zahlenden Vergütungen für die erledigten HITs aufzurechnen sind. Lag dieser Satz 2012 noch bei 10 %, so hat er sich zuletzt um das Doppelte auf 20 % erhöht.[165]

---

[161] Vgl. ebd., S. 306.

[162] Däubler, W., Arbeitsrecht, 2015b, S. 245.

[163] Vgl. Donaukurier, IG Metall, 2016, o.S.

[164] Cohen, L., Crowdwork, 2015, S. 309.

[165] Vgl. Schnellbacher, M., Amazon Mechanical Turk, 2015, o.S.; CHIP, Amazon-Jobs, 2012, o.S.

3.2 Paid Crowdsourcing

3.2.1 Abgrenzung zum einfachen Crowdsourcing

Ein Kernmerkmal, mit dem Crowdsourcing in sich differenzierbar ist, stellt die Vergütung dar. Dass die Unternehmen nicht immer kostenfrei von der Arbeitsleistung der Masse an Nutzern Gebrauch machen könnten, erkannte Jeff Howe bereits 2006 im Wired Magazin – als der Begriff Crowdsourcing geprägt wurde.[166] Bei unentgeltlichen Crowdsourcing-Tasks, die in der Regel nur von Personen erledigt werden, die sich in besonderem Maße mit dem Crowdsourcer identifizieren und deswegen eine überdurchschnittliche Loyalität hegen, werden die Möglichkeiten für die Unternehmen stark eingegrenzt. Derweil es bei kleineren Problemstellungen also gegeben sein muss, dass die potentiellen Crowdworker einen Mehrwert für sich in der Erledigung der Aufgaben sehen, sind größere Projekte, die eine intensive Auseinandersetzung mit der Thematik voraussetzen, gar nicht durchführbar. So sind es erst die monetären Anreize, die die Möglichkeiten des Crowdsourcings grenzenlos erscheinen lassen und sowohl Probleme, die ein großes Fachwissen und ein hohes Involvement abverlangen, lösbar als auch eintönige Akkordarbeiten massentauglich machen.[167]

Durch die neu entstandenen Geldflüsse haben sich neue Geschäftsfelder entwickelt, die allein im Paid Crowdsourcing zum Tragen kommen. Die Rede ist dabei von den Intermediären, die sich als Schnittstellen zwischen Crowd und Crowdsourcer geschaltet und dem eigentlichen Crowdsourcing-Prozess damit erst einen gewerblichen Charakter gegeben haben.[168] Infolgedessen kam es parallel zu einer Professionalisierung auf Seiten der Crowdworker, „die [heute] systematisch die Innovationsplattformen nach neuen Aufgaben absuchen, an denen sie sich beteiligen können."[169] Der rasante Wachstum, der im Paid Crowdsourcing zu verzeichnen ist, lässt sich schlussendlich auch als Indiz dafür betrachten, dass für die User „ein relevanter Unterschied zwischen erwerbsorientierter oder unbewusst-hobbyistischer Teilnahme an Crowdsourcing" besteht. Allen voran „für Interes-

---

166 Vgl. Howe, J., Crowdsourcing, 2006, S. 2.
167 Vgl. Leimeister, J. M., Crowdwork, 2015, S. 28.
168 Vgl. Borchardt, H.-J., Dezentrales Marketing, 2012, S. 119.
169 ebd., S. 104.

senten eines gewerblichen Engagements in der Ideen- und Kreativwirtschaft scheinen Crowdsourcing-Modelle einfache Einstiegsmöglichkeiten zu bieten."[170]

3.2.2 Anwendungsbereiche

Am weitesten verbreitet sind die bereits erwähnten HITs, was u.a. damit zusammenhängt, dass diese Aufgaben aufgrund ihrer Einfachheit von allen Internetnutzern bewältigt werden können. So sind es „Aufgaben, wie etwa die Verschlagwortung von Bildern, die Transkription kurzer Audiosequenzen oder das Schreiben kleiner Berichte"[171], die menschliche Intelligenz erfordern und deswegen mithilfe der Crowd abgearbeitet werden. Mechanical Turk (mturk.com) von Amazon hat dabei nicht nur den Begriff HIT geprägt, sondern spielt auch insgesamt eine führende Rolle unter den Intermediären weltweit, so wie clickworker.de in Deutschland die größte Crowdsourcing-Plattform ist. Andere Anbieter haben sich Nischen gesucht, um im Wettbewerb bestehen zu können. Während sich content.de auf die Textproduktion und 99designs.de auf Grafik- und Designleistungen spezialisiert haben, ersetzt jovoto.com gänzlich die Werbeagentur und vermittelt den Unternehmen Kreative aus nahezu allen Bereichen.[172] Über die Intermediäre können so Ideen durch die Crowd erzeugt oder aber auch konkrete Vorstellungen von Freelancern in die Tat umgesetzt werden lassen.[173] Mit applause.com können gar Entwicklungsabteilungen auf ein Digital Testing durch die Crowd zurückgreifen, um Programme, Apps und sonstige Software auf Funktionalität und Usability prüfen zu lassen.[174] Andere Intermediäre, z.B. InnoCentive, NineSigma und TekScout, haben ihre Zielgruppe in den Forschungs- und Entwicklungsabteilungen der großen Unternehmen und dienen diesen zumeist als Innovationsdienstleister für Probleme aus der Biologie oder der Chemie. Die Honorare für die Problemlösenden sind dementsprechend hoch und nicht selten sechsstellig.[175] Da die Anzahl der potentiellen Crowdsourcees aufgrund der notwendigen Fähigkeiten für die teils hochkomplexen Aufgaben, im Gegensatz zu den Low-Involvement-Tasks, stark reduziert ist, wurde vom Autor dieser Arbeit der Gedankengang angestrengt, in-

---

[170] Papsdorf, C., Crowdsourcing, 2009, S. 108.

[171] ebd., S. 57.

[172] Vgl. Schleidt, D., Crowdworking, 2016, o.S.

[173] Vgl. Volk, H., Crowdsourcing-Plattformen, 2012, o.S.

[174] Vgl. Schleidt, D., Crowdworking, 2016, o.S.

[175] Vgl. Papsdorf, C., Crowdsourcing, 2009, S. 56 ff.

wieweit hier noch von einer Crowd bzw. von Crowdsourcing gesprochen werden kann. Andererseits lässt sich argumentieren, dass die angesprochene Crowd keinen Einschränkungen unterliegt und es nur gilt, mit der Methode des Crowdsourcings jene pensionierte Experten und intelligente Querdenker aufzuspüren, denen es möglich ist eine Lösung zu erarbeiten. Eine ausführliche, kritische Diskussion dieses Gedankens kann im Rahmen dieser Arbeit allerdings nicht erfolgen.

Weitere Anwendung findet Crowdsourcing im mobilen Bereich, in dem der Markt für Paid Crowdsourcing noch nicht allzu fortgeschritten fragmentiert ist. Die Ubiquität des mobilen Internets hat sowohl den Intermediären als auch den Unternehmen und Crowdworkern neue Möglichkeiten eröffnet. Die App ShopScout z.B. lässt für ihre Auftraggeber Beratungsleistungen in Handyshops oder Apotheken von den Nutzern in Anspruch nehmen und bewerten oder die Verfügbarkeit von WLAN in ausgewählten Lokalitäten überprüfen. Selbst umfängliche Marktanalysen mit dem Ziel der Performanceverbesserung lassen sich durch Kontrollen der Produktpräsentation am PoS umsetzen. Dadurch, dass die Masse an Microjobbern an vielen Orten gleichzeitig arbeiten kann, können Ergebnisse im Mobile Crowdsourcing oftmals in kürzester Zeit geliefert werden.[176] Dasselbe Schema verfolgen auch die Konkurrenten von ShopScout: Bei den größeren Anbietern Streetspotr und appJobber[177] beziehen sich die Aufgaben zwar auch größtenteils auf die Überprüfung von Produktplatzierungen, Promotionaktionen oder das Einkaufserlebnis selbst, das Spektrum kann hier aber deutlich weitreichender sein und genauso die Beschaffung von Adress- und Kontaktdaten, Öffnungszeiten oder Speisekarteninhalten umfassen. Der Fokus liegt in der Regel darauf, diese Informationen mithilfe der Smartphonekamera festzuhalten und zu belegen.[178]

3.2.3 Vergütungsmodelle

Im Paid Crowdsourcing existieren unterschiedliche Modelle zur Regulierung der Vergütungen. Diese sind naturgemäß vom zu leistenden Aufwand und der Aufgabenart abhängig und können Entlohnungen auf einer Spanne von wenigen Cents bis zu sechsstelligen Summen umfassen.[179] Zuvor jedoch haben die Initiativen festzulegen, wer unter welchen Bedingungen vergütet wird. In der Fachliteratur

---

[176] Vgl. Brisslinger, L., Mobile Crowdsourcing, 2016, o.S.

[177] Vgl. Angaben im Google Play Store; jeweils mehr als 100.000 Downloads (Stand: 13.12.2016)

[178] Vgl. Schimansky, S., Streetspotr, 2015, S. 1; Schleidt, D., Crowdworking, 2016, o.S.

[179] Vgl. Leimeister, J. M., Crowdwork, 2015, S. 28 f.

werden dazu zwei Vorgehensweisen, selektiv und integrativ, zugrunde gelegt. Die Differenzierung erfolgt anhand der Arbeitsform. So wird bei der integrativen Herangehensweise kollaborativ gearbeitet, wodurch nur gemeinschaftlich über eine Vielzahl an gelösten Teilaufgaben zum Gesamtergebnis beigetragen werden kann. Da hier jede Lösung genutzt wird, werden im Umkehrschluss auch alle erfüllten Aufgaben entlohnt. Beim selektiven Vorgehen wird in jeder Aufgabenstellung eine für sich stehende Lösung gesucht. Dass dabei in der Regel nur die beste bzw. die besten der eingereichten Lösungsvorschläge honoriert werden, erzeugt innerhalb der Community ein Konkurrenzdenken.[180] Prädestiniert dafür sind Problemstellungen aus der Wissenschaft, aus denen meist nur wenige, eine oder gar keine Lösungen hervorgehen. Aber auch im Kreativbereich werden die Preisgelder häufig nur auf die besten Lösungsvarianten aufgeteilt.[181] Die Unsicherheit des Verdienstausfalls wird mit deutlich höheren Prämien ausgewogen. Die Aufgaben in diesen Wettbewerben sind jedoch i.d.R. auch umfangreicher in dem dafür aufzubringenden Aufwand. Bei den im Vergleich dazu „sicher bezahlten Tätigkeiten wie bei Amazon Mechanical Turk [handelt es sich dagegen] meist gleichzeitig um schlecht vergütete Mikroaufgaben .., die keine große kognitive Anstrengung erfordern."[182]

Bei den Crowdsourcing-Projekten mit selektivem Vorgehen, insbesondere bei solchen mit Innovationscharakter, bieten sich den Unternehmen zwei verschiedene Vergütungsmodelle an. Zum einen kann eine Beteiligung am Umsatz für den Gewinner des wettbewerbsbasierten Projekts zugesagt werden. Gewinnchance wie auch das Risiko bei einer prozentualen Teilhabe werden vom entsprechenden Crowdsourcee mitgetragen. Zum anderen können im Voraus fixierte Prämien ausgelobt werden, die einmalig gezahlt werden und mit einer beim Crowdsourcer liegenden Verantwortung für den Markterfolg einhergehen.[183] „Obwohl eine feste Aufwandsentschädigung für die Innovatoren in den allermeisten Fällen die lukrativere Alternative wäre, ziehen die meisten von ihnen eine Gewinnbeteiligung vor."[184] Die Sieger der Wettbewerbe müssen allerdings nicht zwingend mit Geld-

---

[180] Vgl. Leimeister, J. M., Zogaj, J., Arbeitsorganisation, 2013, S. 41; Däubler, W., Arbeitsrecht, 2015b, S. 253.

[181] Vgl. Gassmann, O. et al., Crowdsourcing-Prozess, 2010, S. 51.

[182] Leimeister, J. M., Zogaj, J., Arbeitsorganisation, 2013, S. 74.

[183] Vgl. Franke, N., Klausberger, K., Crowdsourcing, 2010, S. 61.

[184] Gassmann, O. et al., Crowdsourcing-Prozess, 2010, S. 53.

beträgen entlohnt werden. Die Honorierung kann auch „in Form von … Rabatten, Bonusprogramm[en], Gratisprodukten und viele[m] mehr" erfolgen, wobei hauptsächlich zu beachten ist, dass diese von der „Mehrzahl der Community-Mitglieder als fair wahrgenommen wird."[185] Kreative und passgenaue Konzepte bei der Prämienauswahl können sowohl zu einer Qualitätssteigerung in den Ergebnissen als auch zu Kostensenkungen führen.[186] So können bspw. technisch interessierte und loyale Teilnehmer mit tiefen Einblicken in das Unternehmen, Werksbesichtigungen o.ä. belohnt werden.

Grundsätzlich und unabhängig vom Modell jedoch bleibt festzuhalten, dass allem voran das Gefühl einer fairen Vergütung bei den Teilnehmern gegeben sein muss, auch wenn vertragliche Absicherungen seitens des organisierenden Unternehmens freie Nutzungsrechte der eingereichten Lösungen sicherstellen.[187]

3.3 Kriterien für die Methodenauswahl

„Da Crowdsourcing nicht an vorgegebene Wege, Medien oder Mengen gebunden ist, steht diese Methode allen Unternehmen – unabhängig von Branche oder Größe – zur Verfügung."[188] Aus diesem Grund sollen nachfolgend die Kriterien beleuchtet werden, die für die Unternehmen bei der Entscheidungsfindung, ob und in welchem Rahmen ein Crowdsourcing-Projekt umgesetzt werden soll, von Relevanz sind. Dabei stehen primär die Motivatoren der Crowdsourcees, die mit den Anforderungen der initiierenden Crowdsourcer konform sein müssen, im Vordergrund.

3.3.1 Motivatoren im einfachen Crowdsourcing

Derweil, wie vorangegangen erläutert, die Motivation einer Vielzahl von Crowdworkern auf finanziellen Aspekten beruht, arbeiten andere aus Verbundenheit zum Crowdsourcing-Initiator oder aus subjektiv empfundenen Bestrebungen.[189] Die Crowd sieht die Arbeitstätigkeit selbst oder das Ergebnis dessen bereits als Nutzengewinn an. Persönliche Antriebe, die auch als intrinsische Motive bezeich-

---

185 Roskos, M., Social Media Communities, 2012, S. 163.

186 Vgl. Gassmann, O. et al., Crowdsourcing-Prozess, 2010, S. 43.

187 Vgl. Gassmann, O. et al., Crowdsourcing-Prozess, 2010, S. 53.

188 Borchardt, H.-J., Dezentrales Marketing, 2012, S. 118.

189 Vgl. Gassmann, O. et al., Geschäftsmodelle, 2013, S. 102.

net werden, erzeugen ein Empfinden von Belohnung durch die Erledigung der jeweiligen Aufgabe oder den damit im Zusammenhang stehenden Handlungen. Eine direkte Kompensation der geleisteten Arbeit durch den Auftraggeber bleibt dabei aus.[190] Den Unternehmen ergeben sich so große Potenziale zur Kosteneinsparung, wenn erstmal ein loyaler Kundenstamm aufgebaut worden ist oder den digitalen Arbeitskräften ein nicht monetärer Nutzen vermittelt werden kann. Leimeister und Zogaj (Arbeitsorganisation, 2013) fassen die Motivatoren von unentgeltlich arbeitenden Crowdsourcees wie folgt zusammen:

- Freude an der Crowdarbeit
- Sozialer Austausch in der Crowd
- Lernen im Rahmen der Crowdarbeit
- Anerkennung durch andere Crowdsourcees
- Selbstmarketing[191]

Die Übergänge von intrinsischen und extrinsischen Motiven können, abhängig von der Person, fließend sein. Die drei erstgenannten Motivatoren gelten als vornehmlich intrinsisch, da der Nutzen daraus mit der auszuführenden Arbeit gewonnen wird. Bei den zwei letztgenannten Motiven dagegen ist die Arbeit das Mittel zum Zweck und wird von außen angetrieben.[192] Die Teilnahme am Crowdsourcing ergründet sich hier oftmals darin, dass mit der geleisteten Arbeit der eigene Ruf verbessert werden soll und von der Außenwelt eine höhere Wertschätzung erfahren wird.[193] Das Streben nach Anerkennung, Zugehörigkeit und Reputation ist dabei ein zentraler Punkt im zwischenmenschlichen Miteinander und hat sich auch auf das Web 2.0 mit seiner sozialen Charakteristik übertragen. Für Crowdsourcer gilt es diese Bedürfnisse beim Aufbau der Nutzergemeinschaft zu beachten und zu bedienen.[194]

Im einfachen Crowdsourcing werden „die ausgeführten Tätigkeiten [also] nicht als erwerbsähnliche Arbeit, sondern tendenziell als Hobbytätigkeit" aufgefasst, wobei eine Bezahlung dieser „als positiver Nebeneffekt, nicht jedoch als Erfordernis

---

[190] Vgl. Roskos, M., Social Media Communities, 2012, S. 163.

[191] Vgl. Leimeister, J. M., Zogaj, J., Arbeitsorganisation, 2013, S. 70 f.

[192] Vgl. ebd., S. 72.

[193] Vgl. Franke, N., Klausberger, K., Crowdsourcing, 2010, S. 62.

[194] Vgl. Roskos, M., Social Media Communities, 2012, S. 160.

gewertet" wird.[195] Die grundlegende Ablehnung einer finanziellen Entlohnung geht mit den Motivatoren des einfachen Crowdsourcings jedoch nicht einher, wenn auch eine solche die intrinsischen Motive konterkarieren kann und das Grundprinzip einer freiwilligen Arbeit ohne unmittelbare Gegenleistung damit aufgehoben wird.

3.3.2 Motivatoren im Paid Crowdsourcing

Paid Crowdsourcing, also die bezahlte Variante dieses Konzepts, stellt das Pendant zum einfachen Crowdsourcing dar. Wie es der Name bereits vermittelt, erweist sich die Vergütung hier als zentraler Motivator, wenn auch selten nur „die monetäre Entlohnung bei Microtask-Plattformen .. als alleiniger Beweggrund der Crowdsourcees anzusehen ist."[196] Die bezahlte Form des Crowdsourcings kann parallel zum nicht vergüteten Crowdsourcing existieren, weil es in einer Community stets auch Tätigkeitsgebiete gibt, die keine inneren Antriebe hervorrufen oder durch spielerische Elemente interessant gestaltet werden können. Die verfügbare Menge an unentgeltlich arbeitenden Usern wird so denn nicht den Bedarf der Arbeitgeber decken können, wodurch die Vergütung erst ihre grundlegende Notwendigkeit erfährt.[197]

Die digitalen Arbeitskräfte erledigen die Aufgaben in diesem Modell nicht um ihrer selbst willen, sondern auf Grundlage einer von außen zugeführten Motivation. Extrinsische Motive machen die Crowdsourcees empfänglich für derlei Incentivierungsstrategien, die in diesem Fall auf finanzielle Interessen abzielen, grundsätzlich aber auch andersgeartet und auf andere Bedürfnisse ausgerichtet sein können.[198] So kann z.B. auch eine große Unzufriedenheit bereits als extrinsisches Motiv herhalten und eine Person dazu bewegen, einen entsprechenden Aufwand zu betreiben, um diesen Status zu verändern.[199] Im Paid Crowdsourcing ist es die Aufgabe des Unternehmens, Reize auf potentielle Crowdworker auszuüben, die genau diese Bedürfnisse ansprechen. Gelingt dies, steigt durch die erhöhte Motivation die Chance, dass die Individuen in der Crowd ihre Leistungskraft – mit

---

[195] Papsdorf, C., Crowdsourcing, 2009, S. 106.

[196] Leimeister, J. M., Zogaj, J., Arbeitsorganisation, 2013, S. 70.

[197] Vgl. Kittur, A. et al., Crowdarbeit, 2015, S. 177.

[198] Vgl. Roskos, M., Social Media Communities, 2012, S. 161.

[199] Vgl. ebd.

Aussicht auf die zugesicherte Belohnung – einbringen.[200] Dazu muss die Entlohnung allerdings auf einem Level stattfinden, dass den Nutzern als fair erscheint. Eine als zu geringfügig angesehene Vergütung kann nicht nur sein Ziel verfehlen, sondern sich vor allem negativ auf das Image des Unternehmens auswirken.[201]

3.3.3 Weitere beeinflussende Faktoren

Nachdem der Fokus zunächst auf die Motivatoren der Crowdworker in den jeweiligen Crowdsourcing-Methoden gelegt wurde, sollen für eine ganzheitliche Betrachtung nachfolgend noch weitere relevante Faktoren – das magische Dreieck aus Zeit, Kosten und Qualität – beleuchtet werden. Diese sollen jedoch nicht den Kern dieser Arbeit darstellen, so dass an dieser Stelle keine tiefergehende Behandlung der verschiedenen Spannungsfelder erfolgt.

Ein weiterer Grund dafür ist zudem, dass – wie auch Leimeister und Zogaj (Arbeitsorganisation, 2013) schon feststellten – keine hinreichenden Forschungsergebnisse existieren, „die den mit der Implementierung von Crowdsourcing verbundenen Aufwand (z. B. Zeit- und Kostenaufwand) eruieren bzw. quantifizieren."[202] Im Allgemeinen aber haben der Zeit- und Kostenfaktor in unternehmerischen Entscheidungsprozessen oftmals eine tragende Rolle. Kleinere Unternehmen haben aufgrund kürzerer Dienstwege und einer schlankeren Bürokratie in der Regel einen Vorteil gegenüber größeren Unternehmen mit komplexen Strukturen. So kann es bei Initiierung und Umsetzung des Crowdsourcings zu großen Zeitunterschieden kommen.[203] Spätestens bei der Durchführung profitieren die Unternehmen jedoch gleichwohl von dessen Vorzügen. Anbieter von Microjobbing-Plattformen (z.B. POSpulse) können bspw. mithilfe einer Masse an Scouts direkt am Verkaufsort Produktplatzierungen, Werbeelemente und deren Wirkungen überprüfen lassen und die Ergebnisse in Echtzeit zur Verfügung stellen. Marktforschungsanalysen etablierter Institute, wie z.B. die der GfK, sind dagegen mit immensem Zeitaufwand verbunden und deutlich kostspieliger.[204]

---

[200] Vgl. ebd.

[201] Vgl. ebd, S. 162.

[202] Leimeister, J. M., Zogaj, J., Arbeitsorganisation, 2013, S. 53.

[203] Vgl. Aßmann, S., Röbbeln, S., Social Media, 2013, S. 257.

[204] Vgl. Brisslinger, L., Mobile Crowdsourcing, 2016, o.S.

Bei der Entscheidung für oder gegen eine Crowdsourcing-Kampagne und bei der Auswahl der jeweiligen Methode sind also nicht nur die zeitlichen Gegebenheiten von Relevanz, sondern viel mehr noch die finanziellen Möglichkeiten des Crowdsourcers. Der Budgeteinsatz sollte dabei stets in einem wirtschaftlichen Verhältnis zur Leistung stehen, was wiederum eng mit der Qualität eines Projekts zusammenhängt ist. Intermediäre verfolgen in diesem Punkt unterschiedliche Philosophien, die sich von einer Fokussierung auf die Masse bis hin zu Aufbau und Pflege eines elitären Kreises erstrecken können. Die Clickworker GmbH mit Sitz in Essen (ehemals HumanGrid) z.B. verlangt „Arbeitsproben von den Usern, bietet Trainings und Qualitätssicherungsmaßnahmen und erstellt so Qualifikationsprofile, um die Aufgaben möglichst effizient vermitteln zu können."[205] Andere Plattformen wollen ihren Qualitätsansprüchen gerecht werden, indem eine Auswahl vorgenommen und die beste eingereichte Lösung herausgefiltert wird, während alternativ handelnde Unternehmen eine Vorgehensweise verfolgen, bei der das am schnellsten eingereichte Ergebnis entscheidend ist.[206]

Letztlich liegt es im Ermessen des Crowdsourcers, die jeweiligen Aufgabeninhalte auf die Motivatoren der Crowdsourcees zuzuschneiden und die Faktoren, welche die Rahmenbedingungen beeinflussen, entsprechend den eigenen Vorstellungen zu gewichten.

---

[205] Papsdorf, C., Crowdsourcing, 2009, S. 58.
[206] Vgl. ebd.

4 Fazit und Ausblick

Crowdsourcing stellt sich in seiner Gesamtheit als ein Konzept mit großem Potenzial dar, welches allem voran durch die Entwicklung des Internets zum Web 2.0 als eine moderne Variante des Outsourcings bezeichnet werden kann. Wie auch beim klassischen Outsourcing sind die Primärziele in der Regel Kosteneinsparungen und die Schaffung von Wettbewerbsvorteilen durch den Zugriff auf externe Kompetenzen. Seine Anziehungskraft bei den Unternehmen erfährt das Crowdsourcing durch die geringen ex-ante-Transaktionskosten, wenn auch die ex-post-Transaktionskosten für die Arbeitsaufwände bis zur Verwertung der Ergebnisse ungleich höher sind.[207] Entscheidend für den Erfolg – das schnelle und günstige Abschöpfen der Schwarmintelligenz – einer solchen Initiative ist, dass die Vorgehensweisen der Unternehmen einer Professionalisierung unterliegen und eine effiziente Ressourcenallokation stattfindet.[208]

Ist der Rationalisierungsgedanke erst kanalisiert und der Entschluss zum Outsourcing im Web 2.0 gefasst, gilt es die auszulagernden Aufgabenstellungen zu bestimmen.[209] Auswahl und Formulierung sind dabei stets abhängig „von [den jeweiligen] strategischen Unternehmenszielen wie Förderung von Know-how, Konzentration auf Kernkompetenzen, Performancesteigerung, oder von geplanten Kosteneinsparungen wie Umwandlung von Fixkosten in variable Kosten, geringere Kapitalbindung, optimale Skalierbarkeit.“[210] In diesem Prozess ist zudem zu überlegen, unter welchen Voraussetzungen eine möglichst große Masse an digitalen Arbeitskräften zu motivieren ist und welchen Einfluss die Faktoren des magischen Dreiecks – Zeit, Kosten und Qualität – bei der Projektplanung haben. Diese stehen in einem wechselseitigen Verhältnis zueinander, so dass qualitativ hochwertige Ergebnisse von ausgewiesenen Fachleuten mit einem höheren Zeitaufwand sowie einem höheren Kostenaufwand für die Vergütung einhergehen.[211] Bei den Motivatoren ist ausschlaggebend, in welchem Ausmaß die User einen Eigennutzen in den jeweiligen Aufgaben erkennen. Als je höher dieser angesehen wird, desto größer ist die Bereitschaft sich kostenfrei oder über den Wert einer gerech-

---

[207] Vgl. Leimeister, J. M., Zogaj, J., Arbeitsorganisation, 2013, S. 54.

[208] Vgl. Borchardt, H.-J., Dezentrales Marketing, 2012, S. 102.

[209] Vgl. Papsdorf, C., Crowdsourcing, 2009, S. 106.

[210] Leimeister, J. M., Crowdwork, 2015, S. 19.

[211] Vgl. Roskos, M., Social Media Communities, 2012, S. 192.

ten Entlohnung hinaus einzubringen. So sind es explizit diese Freiräume auf Seiten der Crowdsourcees, die zu unvoreingenommenen Denkweisen führen und oftmals die aussichtsreichsten Innovationen hervorbringen, ohne dass die Unternehmen – oder auch die Auftragnehmer – sich längerfristig aneinander binden müssten.[212]

Die bereits angesprochene Professionalisierung des Crowdsourcings weitet sich bereits auf alle Prozessbeteiligten aus. Neben den anwendenden Unternehmen werden auch die Intermediäre stetig mehr und optimieren ihre Abläufe auf Basis gemachter Erfahrungen. Diese Entwicklung wiederum erweitert auch die Möglichkeiten der Arbeitskräfte in der Crowd, die ihre Verdienste so bald auf das Niveau einer vollwertigen Beschäftigung anheben werden können.[213] So kommt es dazu, dass eine „etablierte soziologische Differenzierung in (Erwerbs-) Arbeit und Nicht-Arbeit und damit auch das Grundverständnis von Arbeit generell .. angesichts der Entwicklungsdynamik in Web 2.0-Kontexten nur noch bedingt zu tragen"[214] ist. Sowohl für die Arbeitnehmer als auch für die Arbeitgeber entstehen beim Crowdsourcing Begleiterscheinungen, die es mit dem Nutzen abzuwägen gilt. Die Öffnung für externe Mitarbeiter und damit auch oftmals die Vermittlung von Unternehmensinterna ist für die Crowdsourcer meist so alternativlos, wie es für die Crowdworker die Problematik ist, sich als ersetzbarer Einzelner einer Masse anzuschließen.[215] Die Rahmenbedingungen in diesem Arbeitsverhältnis jedoch unterstehen einer berechtigten Kritik, die dazu beitragen kann, Maßstäbe und Standards zur Wahrung aller Interessen für das Crowdsourcing zu formen und festzusetzen.[216] Eine Regulierung der Zusammenarbeit sowie eine Definition der Rechte von Crowdsourcern und Crowdworkern ist bislang nicht hinreichend erfolgt.[217] Für die Zukunft wird es eine große Herausforderung sein, mit „bessere[n] Systeme[n], bessere[n] Aufgaben, bessere[r] Arbeit und bessere[n] Erfahrungen"[218] faire Arbeitsbedingungen zu schaffen, die einer Ausbeutung – im Stile eines modernen Taylorismus – vorbeugen. Ansonsten ist das Maß an Einschrän-

---

[212] Vgl. Roskos, M., Social Media Communities, 2012, S. 192 f.

[213] Vgl. Gassmann, O. et al., Crowdsourcing, 2010, S. 29.

[214] Papsdorf, C., Crowdsourcing, 2009, S. 51.

[215] Vgl. Leimeister, J. M., Crowdwork, 2015, S. 33; Kittur, A. et al., Crowdarbeit, 2015, S. 174.

[216] Vgl. Leimeister, J. M., Zogaj, J., Arbeitsorganisation, 2013, S. 77.

[217] Vgl. ebd., S. 89.

[218] Kittur, A. et al., Crowdarbeit, 2015, S. 221.

kungen im Crowdsourcing relativ gering gehalten, so dass der Kreativität der An-wender bei der Aufgabenstellung kaum Grenzen gesetzt sind, so lange die ver-trauliche Behandlung von Interna gewährleistet werden kann.[219]

Für die Zukunft ist zu erwarten, dass das Konzept des Crowdsourcings eine im-mer größere Rolle in den Unternehmen spielen wird, um sich auf eine breite Basis an Wissen und Leistung stützen zu können.[220] Dieser Tendenz werden ebenso die Intermediäre folgen, denen sich so gleich eine Anpassung und Erweiterung des Leistungsportfolios anbietet, um Synergieeffekte zu verstärken.[221] Auch gesamt-wirtschaftlich gesehen wird der weltweite Transfer von Wissen „die Globalisie-rung von Forschung und Entwicklung weiter vorantreiben."[222] Beim Crowdsour-cing „wird sich die Ideenfilterung und -aufbereitung dank technologischem Fort-schritt und neuen Algorithmen für Unternehmen wie Innovatoren stark vereinfa-chen und zu einer Qualitätssteigerung wie Beschleunigung des Innovationspro-zesses [auf allen Ebenen] führen."[223] Elementar dabei wird sein, dass die Unter-nehmen einzelne Projekte nicht isoliert betrachten, sondern diese viel mehr im Kontext einer stringenten Gesamtstrategie sehen und mit entsprechendem Mit-telensatz unterstützen.[224]

Langfristig gesehen lässt sich festhalten, dass das Crowdsourcing längst nicht am Ende seiner Entwicklung angelangt und das große wirtschaftliche Potenzial bei weitem noch nicht aufgezehrt ist.[225] Ein Indikator dafür ist die zunehmende „Digi-talisierung ... und Informatisierung von Arbeit[,] .. die Wissensarbeitsteilung wei-ter"[226] fördern wird. Ähnliche Prognosen gibt es für das Mobile Crowdsourcing, das aufgrund der flächendeckenden Verbreitung von mobilen Endgeräten und der Ubiquität des Internets zukünftig eine noch wichtigere Rolle für alle Partizipie-renden spielen wird.[227] Die positiven Entwicklungsaussichten werden unter an-derem dadurch bestärkt, dass durch die Verknüpfung verschiedener Elemente

---

[219] Vgl. Papsdorf, C., Crowdsourcing, 2009, S. 58.

[220] Vgl. Leimeister, J. M., Crowdwork, 2015, S. 37.

[221] Vgl. Borchardt, H.-J., Dezentrales Marketing, 2012, S. 121.

[222] Gassmann, O. et al., Crowdsourcing, 2010, S. 30.

[223] ebd., S. 29 f.

[224] Vgl. ebd., S. 26 f.

[225] Vgl. Borchardt, H.-J., Dezentrales Marketing, 2012, S. 102.

[226] Benner, C., Crowdsourcing, 2015, S. 290.

[227] Vgl. Gassmann, O. et al., Crowdsourcing, 2010, S. 25.

und Komponenten im Crowdsourcing nahezu grenzenlose Möglichkeiten entstehen. Die Globalisierung und der technische Fortschritt dienen dabei als Antrieb für eine stetige Weiterentwicklung und Optimierung des Massenphänomens. So hatten zuletzt „besonders Mittel der Gamification, also spielerische und Wettbewerbelemente,"[228] Einfluss auf das Crowdsourcing und werden dieses auch in Zukunft mitgestalten und prägen.

---

[228] Strube, S., Crowdsourcing, 2015, S. 85.

Literaturverzeichnis

Aßmann, Stefanie; Röbbeln, Stephan (Social Media, 2013): Social Media für Unternehmen: Das Praxisbuch für KMU, Bonn: Galileo Press, 2013

Baumann, Enrico (Make-or-Buy, 2010): Make-or-Buy-Entscheidungen bei mehrstufigen Produktionsprozessen, München: GRIN Verlag, 2010

Benner, Christiane (Crowdsourcing, 2015): Amazonisierung oder Humanisierung der Arbeit durch Crowdsourcing? Gewerkschaftliche Perspektiven in einer digitalen Arbeitswelt, in: Benner, Christiane (Hrsg.), Crowdwork – zurück in die Zukunft? Perspektiven digitaler Arbeit, S. 289-300, Frankfurt/Main: Bund-Verlag, 2015

Bogaschewsky, Ronald (Leistungstiefenoptimierung, 1996): Strategische Aspekte der Leistungstiefenoptimierung, in: Koppelmann, Udo (Hrsg.), Outsourcing, S. 123-148, Stuttgart: Schäffer-Poeschel Verlag, 1996

Borchardt, Hans-Jürgen (Dezentrales Marketing, 2012): Dezentrales Marketing und Crowdsourcing: Warum und wie sich das Marketing neu erfinden muss, Erlangen: Publicis Publishing, 2012

Bravard, Jean-Louis; Morgan, Robert (Outsourcing, 2009): Intelligentes und erfolgreiches Outsourcing – Ein kompakter Leitfaden für das rationale Auslagern von Unternehmensprozessen, München: FinanzBuch Verlag, 2009

Chanal, Valérie; Caron-Fasan, Marie-Laurence (Business Models, 2010): The Difficulties involved in Developing Business Models open to Innovation Communities: the Case of a Crowdsourcing Platform, in: M@n@gement, Jg. 13 (2010), Nr. 4, S. 318-340

Chesbrough, Henry William (Open Innovation, 2006): Open Innovation: A New Paradigm for Understanding Industrial Innovation, in: Chesbrough, Henry William; Vanhaverbeke, Wim; West, Joel (Hrsg.), Open Innovation: Researching a New Paradigm, S. 1-12, New York: Oxford University Press, 2006

Cohen, Larry (Crowdwork, 2015): United States of Crowd Workers – Wie sich Crowdarbeiter organisieren lassen, in: Benner, Christiane (Hrsg.), Crowdwork – zurück in die Zukunft? Perspektiven digitaler Arbeit, S. 303-320, Frankfurt/Main: Bund-Verlag, 2015

Däubler, Wolfgang (Internet, 2015a): Internet und Arbeitsrecht – Web 2.0, Social Media und Crowdwork, 5. Aufl., Frankfurt/Main: Bund-Verlag, 2015

Däubler, Wolfgang (Arbeitsrecht, 2015b): Crowdworker – Schutz auch außerhalb des Arbeitsrechts? Eine Bestandsaufnahme, in: Benner, Christiane (Hrsg.), Crowdwork – zurück in die Zukunft? Perspektiven digitaler Arbeit, S. 243-274, Frankfurt/Main: Bund-Verlag, 2015

Duschinski, Hannes (Web 2.0, 2007): Web 2.0 – Chancen und Risiken für die Unternehmenskommunikation, Hamburg: Diplomica Verlag, 2007

Ertl, Martin (Open Innovation, 2010): Strategiebildung für die Umsetzung von Open Innovation, in: Ili, Serhan (Hrsg.), Open Innovation umsetzen – Prozesse, Methoden, Systeme, Kultur, S. 61-81, Düsseldorf: Symposion Publishing, 2010

Feidicker, Markus; Stamm, Harald (Adaptive Enterprise, 2005): Mit Outsourcing zum Adaptive Enterprise – Anpassbare IT-Infrastruktur verschafft Unternehmen dauerhaften Erfolg, in: Köhler-Frost, Wilfried (Hrsg.), Outsourcing – Schlüsselfaktoren der Kundenzufriedenheit, S. 194-207, 5. Aufl., Berlin: Erich Schmidt Verlag, 2005

Franke, Nikolaus; Klausberger, Katharina (Crowdsourcing, 2010): Die Architektur von Crowdsourcing: Wie begeistert man die Crowd?, in: Gassmann, Oliver (Hrsg.), Crowdsourcing – Innovationsmanagement mit Schwarmintelligenz: Interaktiv Ideen finden – Kollektives Wissen effektiv nutzen – Mit Fallbeispielen und Checklisten, S. 57-71, München: Carl Hanser Verlag, 2010

Friesike, Sascha; Daiber, Michael; Schahbasi, Turadj (Tchibo ideas, 2010): Tchibo ideas: Kein kalter Kaffee, in: Gassmann, Oliver (Hrsg.), Crowdsourcing - Innovationsmanagement mit Schwarmintelligenz: Interaktiv Ideen finden - Kollektives Wissen effektiv nutzen - Mit Fallbeispielen und Checklisten, S. 115-128, München: Carl Hanser Verlag, 2010

Gassmann, Oliver; Daiber, Michael; Muhdi, Louise (Crowdsourcing-Prozess, 2010): Der Crowdsourcing-Prozess, in: Gassmann, Oliver (Hrsg.), Crowdsourcing - Innovationsmanagement mit Schwarmintelligenz: Interaktiv Ideen finden - Kollektives Wissen effektiv nutzen - Mit Fallbeispielen und Checklisten, S. 31-55, München: Carl Hanser Verlag, 2010

Gassmann, Oliver; Frankenberger, Karolin; Csik, Michaela (Geschäftsmodelle, 2013): Geschäftsmodelle entwickeln: 55 innovative Konzepte mit dem St. Galler Business Model Navigator, München: Carl Hanser Verlag, 2013

Gassmann, Oliver; Friesike, Sascha; Häuselmann, Christian (Crowdsourcing, 2010): Crowdsourcing oder überall gordische Knoten, in: Gassmann, Oliver (Hrsg.), Crowdsourcing - Innovationsmanagement mit Schwarmintelligenz: Interaktiv Ideen finden - Kollektives Wissen effektiv nutzen - Mit Fallbeispielen und Checklisten, S. 9-30, München: Carl Hanser Verlag, 2010

Geiger, David; Seedorf, Stefan; Schulze, Thimo; Nickerson, Robert; Schader, Martin (Crowdmanagement, 2011): Managing the Crowd: Towards a Taxonomy of Crowdsourcing Processes, in: Proceedings of the Seventeenth Americas Conference on Information Systems, S. 1-11, Detroit, 2011

Hammon, Larissa Viola (Crowdsourcing, 2013): Crowdsourcing – Eine Analyse der Antriebskräfte innerhalb der Crowd, Hamburg: Verlag Dr. Kovač, 2013

Hilker, Claudia (Social-Media-Strategien, 2012): Erfolgreiche Social-Media-Strategien für die Zukunft: Mehr Profit durch Facebook, Twitter, Xing und Co., Wien: Linde Verlag, 2012

Holzapfel, Felix; Holzapfel, Klaus (Facebook, 2012): facebook – marketing unter freunden, 4. Aufl., Göttingen: BusinessVillage, 2012

Horx, Matthias; Liebetrau, Axel (Creative Crowd, 2010): Creative Crowd: Ausblick auf das Crowdsourcing der Zukunft, in: Gassmann, Oliver (Hrsg.), Crowdsourcing - Innovationsmanagement mit Schwarmintelligenz: Interaktiv Ideen finden - Kollektives Wissen effektiv nutzen - Mit Fallbeispielen und Checklisten, S. 167-189, München: Carl Hanser Verlag, 2010

Howe, Jeff (Crowdsourcing, 2006): The Rise of Crowdsourcing, in: Wired Magazine, Jg. 14 (2006), Nr. 6, S. 1-4

Howe, Jeff (Crowdsourcing, 2009): Crowdsourcing: Why the Power of the Crowd is Driving the Future of Business, New York: Three Rivers Press, 2009

Janczikowsky, Sven (Crowdsourcing, 2015): Crowdsourcing im Marketing – Möglichkeiten und Grenzen der Schwarmintelligenz, in: Erfurter Hefte, Nr. 46 (2015), S. 3-30

Kaltenbeck, Julia (Crowdfunding, 2011): Crowdfunding und Social Payments im Anwendungskontext von Open Educational Resources, Berlin: epuli, 2011

Kittur, Aniket; Nickerson, Jeffrey; Bernstein, Michael (Crowdwork, 2015): Die Zukunft der Crowdarbeit – Zentrale Forschungsfragen, in: Benner, Christiane (Hrsg.), Crowdwork – zurück in die Zukunft? Perspektiven digitaler Arbeit, S. 173-229, Frankfurt/Main: Bund-Verlag, 2015

Kleemann, Frank; Voß, Gerd Günter; Rieder, Kerstin (Customer Work, 2008): Un(der)paid Innovators: The Commercial Utilization of Consumer Work through Crowdsourcing, in: Science, Technology & Innovation Studies, Jg. 4 (2008), Nr. 1, S. 5-26

Koppelmann, Udo (Outsourcing, 1996): Grundsätzliche Überlegungen zum Crowdsourcing, in: Koppelmann, Udo (Hrsg.), Outsourcing, S. 1-9, Stuttgart: Schäffer-Poeschel Verlag, 1996

Kreutzer, Ralf Thomas (Online-Marketing, 2012): Praxisorientiertes Online-Marketing: Konzepte – Instrumente – Checklisten, Wiesbaden: Gabler, 2012

Leimeister, Jan Marco (Collective Intelligence, 2012): Collective Intelligence, in: Business & Information Systems Engineering, Jg. 4 (2010), Nr. 2, S. 245-248

Leimeister, Jan Marco (Crowdsourcing, 2012): Crowdsourcing: Crowdfunding, Crowdvoting, Crowdcreation, in: ZfCM, Jg. 56 (2012), Nr. 6, S. 388-392

Leimeister, Jan Marco; Zogaj, Shkodran (Arbeitsorganisation, 2013): Arbeitspapier Nr. 287: Neue Arbeitsorganisation durch Crowdsourcing, Düsseldorf: Hans-Böckler-Stiftung, 2013

Leimeister, Jan Marco; Zogaj, Shkodran; Blohm, Ivo (Crowdwork, 2015): Crowdwork – digitale Wertschöpfung in der Wolke: Grundlagen, Formen und aktueller Forschungsstand, in: Benner, Christiane (Hrsg.), Crowdwork – zurück in die Zukunft? Perspektiven digitaler Arbeit, S. 9-41, Frankfurt/Main: Bund-Verlag, 2015

Leopold, Justus (Innovationsmanagement, 2015): Open Innovation und Crowdsourcing: Neue Perspektiven des Innovationsmanagements, München, Mering: Rainer Hampp Verlag, 2015

Papsdorf, Christian (Crowdsourcing, 2009): Wie Surfen zu Arbeit wird: Crowdsourcing im Web 2.0, Frankfurt/Main: Campus Verlag, 2009

Piller, Frank (Mass Customization, 2001): Mass Customization: Ein wettbewerbsstrategisches Konzept im Informationszeitalter, 2. Aufl., Wiesbaden: Deutscher Universitäts-Verlag; Wiesbaden: Gabler, 2001

Rio Antas, Juan-Carlos (Crowdsourcing, 2015): Crowdsourcing von Arbeitsleistung – Ansätze für ein faire Vergütung, in: Benner, Christiane (Hrsg.), Crowdwork – zurück in die Zukunft? Perspektiven digitaler Arbeit, S. 323-332, Frankfurt/Main: Bund-Verlag, 2015

Roskos, Matias (Social Media Communities, 2012): Social Media Communities erfolgreich nutzen, Weinheim: Wiley-VCH Verlag, 2012

Schildhauer, Thomas; Voss, Hilger (Crowdsourcing, 2013): Kreative Potenziale ausschöpfen durch Crowdsourcing & Co., in: Becker, Lutz; Gora, Walter; Uhrig, Matthias (Hrsg.), Informationsmanagement 2.0 – Neue Geschäftsmodelle und Strategien für die Herausforderungen der digitalen Zukunft, S. 493-507, 2. Aufl., Düsseldorf: Symposion Publishing, 2013

Schott, Eberhard; Striebeck, Jörg (Outsourcing, 2013): IT-Outsourcing in Deutschland, in: Becker, Lutz; Gora, Walter; Uhrig, Matthias (Hrsg.), Informationsmanagement 2.0 – Neue Geschäftsmodelle und Strategien für die Herausforderungen der digitalen Zukunft, S. 305-337, 2. Aufl., Düsseldorf: Symposion Publishing, 2013

Strube, Sebastian (Crowdsourcing, 2015): Vom Outsourcing zum Crowdsourcing – Wie Amazons Mechanical Turk funktioniert, in: Benner, Christiane (Hrsg.), Crowdwork – zurück in die Zukunft? Perspektiven digitaler Arbeit, S. 75-90, Frankfurt/Main: Bund-Verlag, 2015

Thorenz, Lynn; Zacher, Mathias (Cloud Computing, 2013): Cloud Computing: Neue Chancen für das Outsourcing, in: Rickmann, Hagen; Diefenbach, Stefan; Brüning, Kai (Hrsg.), IT-Outsourcing: Neue Herausforderungen im Zeitalter von Cloud-Computing, S. 25-38, Berlin, Heidelberg: Springer Gabler, 2013

Zipkin, Paul (Mass Customization, 2001): The Limits of Mass Customization, in: MIT Sloan Management Review, Jg. 42 (2001), Nr. 3, S. 81-87

Internetverzeichnis

Amazon (Cross-Selling, o.J.): Cross-Selling bei Amazon,
https://www.amazon.de/Crowdsourcing-Power-Driving-Future-
Business/dp/0307396215/ref=sr_1_1?ie=UTF8&qid=1487515905&sr=8-
1&keywords=crowdsourcing, (Abruf am 19.02.2017, 15:53 MEZ)

Arlt, Jesko (Web 2.0, 2006): Die Werbung in den Zeiten von Web 2.0
(11.03.2006), http://vnude.typepad.com/Files/web20.pdf, (Abruf am
25.09.2016, 01:12 MEZ)

Bahrs, Julian (Open Innovation, 2014): Kreativ oder Krise: Open Innovation -
Ideen von Fans (07.11.2014), http://www.computerwoche.de/a/open-
innovation-ideen-von-fans,3070743, (Abruf am 04.11.2016, 01:10 MEZ)

Breithut, Jörg (Mein Pril, 2011): Virale Werbefallen: Pril schmeckt nach Hähn-
chen (12.04.2011), http://www.spiegel.de/netzwelt/web/virale-
werbefallen-pril-schmeckt-nach-haehnchen-a-756532.html, (Abruf am
13.11.2016, 02:09 MEZ)

Brisslinger, Lilo (Mobile Crowdsourcing, 2016): Minutenlöhner per App
(14.06.2016), http://www.gruenderszene.de/allgemein/pospulse-
shopscout-marktforschung-mikrojobs, (Abruf am 18.11.2016, 00:02 MEZ)

CHIP (Amazon-Jobs, 2012): Mechanical Turk: Amazon-Jobs für Hungerlöhne
(08.01.2012), http://www.chip.de/news/Mechanical-Turk-Amazon-Jobs-
fuer-Hungerloehne_53643281.html, (Abruf am 16.11.2016, 01:27 MEZ)

Debian (Gesellschaftsvertrag, 2004): »Gesellschaftsvertrag« mit der Gemein-
schaft für Freie Software (26.04.2004),
https://www.debian.org/social_contract#guidelines, (Abruf am
07.11.2016, 22:22 MEZ)

Dolan, Kerry (Wealth Creation, 2011): Wealth Creation (06.08.2011),
http://www.forbes.com/forbes/2011/0627/focus-philanthropy-leila-
chirayath-janah-google-wealth-creation.html, (Abruf am 10.11.2016,
01:31 MEZ)

Donaukurier (IG Metall, 2016): IG Metall fordert Mindestlohn für Clickworker
(04.02.2016),
http://www.donaukurier.de/nachrichten/digital/netzundtechnik/Deutsc
hland-Internet-Gewerkschaften-Arbeit-IG-Metall-fordert-Mindestlohn-
fuer-Clickworker;art251974,3177513, (Abruf am 18.11.2016, 00:33 MEZ)

Fründt, Steffen; Fuest, Benedikt; Kaiser, Tina (Digitale Tagelöhner, 2014): Digitale Tagelöhner (14.04.2014), https://www.welt.de/print/wams/wirtschaft/article126882983/Digitale-Tageloehner.html, (Abruf am 14.11.2016, 14:46 MEZ)

HORIZONT Online (Otto-Modelcontest, 2010): Otto: Medienhype um die falsche "Brigitte" (08.12.2010), http://www.horizont.net/marketing/nachrichten/-Otto-Medienhype-um-die-falsche-Brigitte-96814, (Abruf am 13.11.2016, 03:04 MEZ)

HORIZONT Online (Interview Ralf Husmann, 2015): Stromberg-Macher Ralf Husmann: "Wir wollten Unabhängigkeit" (16.01.2015), http://www.horizont.net/marketing/nachrichten/Interview-Stromberg-Macher-Ralf-Husmann-Wir-wollten-Unabhaengigkeit--132289, (Abruf am 07.11.2016, 00:50 MEZ)

Janotta, Anja (Movie-Finanzierung, 2014): Was Kino-Marketer von "Stromberg" online lernen können (17.02.2014), https://www.lead-digital.de/aktuell/e_commerce/was_kino_marketer_von_stromberg_online_lernen_koennen, (Abruf am 07.11.2016, 01:24 MEZ)

Mechanical Turk (Introduction, o.J.): Mechanical Turk is a marketplace for work, https://www.mturk.com/mturk/welcome, (Abruf am 08.11.2016, 02:03 MEZ)

Mehring, Hannes (Tchibo ideas, 2009): Tchibo ideas: so funktioniert Crowdsourcing (04.11.2009), http://blog.crowd-architects.com/2009/11/tchibo-ideas-so-funktioniert-crowdsourcing, (Abruf am 15.09.2016, 22:12 MEZ)

Open Source Initiative (Definition, 2007): The Open Source Definition (22.03.2007), https://opensource.org/osd, (Abruf am 07.11.2016, 22:12 MEZ)

Papon, Kerstin (Crowdlending, 2016): Crowdlending: Kredite von privat zu privat gelten als riskant (20.01.2016), http://www.faz.net/aktuell/finanzen/meine-finanzen/finanzieren/crowdlending-kredit-von-privat-zu-privat-gilt-als-riskant-14023183.html, (Abruf am 14.10.2016, 01:03 MEZ)

Schimansky, Sophie (Streetspotr, 2015): Streetspotr: Mikrojobs zum Mikrolohn (02.08.2015), http://www.zeit.de/digital/mobil/2015-07/streetspotr-app-crowd-test, (Abruf am 18.11.2016, 01:19 MEZ)

Schleidt, Daniel (Crowdworking, 2016): Crowdworking: Geldverdienen per Smartphone (30.04.2016), http://www.faz.net/aktuell/rhein-main/appjobber-geldverdienen-mit-dem-smartphone-14207641.html, (Abruf am 22.11.2016, 00:38 MEZ)

Schnellbacher, Mascha (Amazon Mechanical Turk, 2015): Online-Marktplatz für Gelegenheitsarbeiten: Amazon Mechanical Turk (23.11.2015), https://entwickler.de/online/e-business/amazon-mechanical-turk-191229.html, (Abruf am 03.11.2016, 02:03 MEZ)

Schultze, Christine (Digitale Minijobs, 2015): Digitale Minijobs: Dienstantritt zur Schnitzeljagd (06.06.2015), http://www.spiegel.de/karriere/crowdsourcing-gelegenheitsjobs-per-smartphone-a-1037436.html, (Abruf am 14.11.2016, 14:50 MEZ)

Uehlecke, Jens (InnoCentive, 2007): Innovation: Tausche Geist gegen Geld (01.01.2007), http://www.zeit.de/zeit-wissen/2007/01/Innocentive, (Abruf am 14.11.2016, 15:23 MEZ)

Volk, Hartmut (Crowdsourcing-Plattformen, 2012): Crowdsourcing: Findige Köpfe finden und aktivieren (02.11.2012), http://derstandard.at/1350260118071/Crowdsourcing-Findige-Koepfe-finden-und-aktivieren, (Abruf am 27.11.2016, 00:50 MEZ)

WELT (Stromberg, 2014): „Stromberg" zahlt Geld an seine Unterstützer (16.10.2014), https://www.welt.de/wirtschaft/article133360379/Stromberg-zahlt-Geld-an-seine-Unterstuetzer.html, (Abruf am 14.10.2016, 01:38 MEZ)

Zipper, Bernd (mymuesli, 2015): Web-to-Print für Müsli? Ein erster Schritt in Richtung Food Mass Customization (09.12.2015), http://www.beyond-print.de/2015/12/09/web-to-print-fuer-muesli-ein-erster-schritt-in-richtung-food-mass-customization, (Abruf am 26.09.2016, 03:56 MEZ)